essentials

essentials liefern aktuelles Wissen in konzentrierter Form. Die Essenz dessen, worauf es als „State-of-the-Art" in der gegenwärtigen Fachdiskussion oder in der Praxis ankommt. *essentials* informieren schnell, unkompliziert und verständlich

- als Einführung in ein aktuelles Thema aus Ihrem Fachgebiet
- als Einstieg in ein für Sie noch unbekanntes Themenfeld
- als Einblick, um zum Thema mitreden zu können

Die Bücher in elektronischer und gedruckter Form bringen das Fachwissen von Springerautor*innen kompakt zur Darstellung. Sie sind besonders für die Nutzung als eBook auf Tablet-PCs, eBook-Readern und Smartphones geeignet. *essentials* sind Wissensbausteine aus den Wirtschafts-, Sozial- und Geisteswissenschaften, aus Technik und Naturwissenschaften sowie aus Medizin, Psychologie und Gesundheitsberufen. Von renommierten Autor*innen aller Springer-Verlagsmarken.

Markus H. Dahm · Valentin Zehnder

Moderne Personalführung mit Künstlicher Intelligenz

Chancen und Risiken

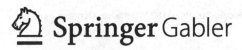

Markus H. Dahm
FOM Hochschule für Oekonomie &
Management
Hamburg, Deutschland

Valentin Zehnder
Hamburg, Deutschland

ISSN 2197-6708 ISSN 2197-6716 (electronic)
essentials
ISBN 978-3-658-43137-2 ISBN 978-3-658-43138-9 (eBook)
https://doi.org/10.1007/978-3-658-43138-9

Die Deutsche Nationalbibliothek verzeichnet diese Publikation in der Deutschen Nationalbiblio-
grafie; detaillierte bibliografische Daten sind im Internet über http://dnb.d-nb.de abrufbar.

Planung/Lektorat: Angela Meffert
Springer Gabler ist ein Imprint der eingetragenen Gesellschaft Springer Fachmedien Wiesbaden
GmbH und ist ein Teil von Springer Nature.
Die Anschrift der Gesellschaft ist: Abraham-Lincoln-Str. 46, 65189 Wiesbaden, Germany

Das Papier dieses Produkts ist recyclebar.

Was Sie in diesem *essential* finden können

- Erklärung der aktuellen Möglichkeiten und grundlegender KI-Modelle
- Darstellung relevanter Führungstheorien und Untersuchung der potenziellen Einflüsse von KI auf diese
- Darstellung konkreter Beispiele für den Einsatz von KI in der Führung
- Analyse des Führungsalltags und Potenzialanalyse für den Einsatz von KI-Systemen für Führungsaufgaben
- Diskussion der Aufgaben einer Führungskraft sowie potenziellen Chancen und Risiken durch KI in der Führung mithilfe von Experteninterviews
- Unterstützung bei Entscheidungen zur Einführung von KI in der Personalführung und Handlungsempfehlungen zum erfolgreichen Einsatz

Vorwort

Liebe Leserinnen und Leser,

es ist uns eine große Freude, Ihnen dieses Buch vorzustellen. In einer Zeit, in der die Digitalisierung und Automatisierung immer weiter voranschreiten, gewinnt das Thema Künstliche Intelligenz eine immer größere Bedeutung. Insbesondere im Bereich der Personalführung eröffnet deren Einsatz neue Möglichkeiten, aber auch Herausforderungen und Risiken.

Die Idee zu diesem Buch entstand aus dem Wunsch, einen umfassenden Überblick über die Chancen und Risiken des Einsatzes von Künstlicher Intelligenz in der Personalführung zu bieten. Wir haben uns zum Ziel gesetzt, Ihnen als Lesern ein ganzheitliches Verständnis für die aktuellen Möglichkeiten von KI zu vermitteln und gleichzeitig die Auswirkungen auf die Führungstätigkeiten zu beleuchten.

Das Buch beginnt mit einer Einführung in die Grundlagen der Künstlichen Intelligenz, in der wir Ihnen die verschiedenen Modelle und Anwendungsbereiche vorstellen. Wir möchten Ihnen damit einen soliden Wissensgrundstock vermitteln, um die folgenden Kapitel besser verstehen und einordnen zu können.

Im weiteren Verlauf nehmen wir Sie mit auf eine Reise durch den aktuellen Stand der Führungsforschung. Wir betrachten die Aufgaben und Herausforderungen, denen Führungskräfte gegenüberstehen, und stellen Ihnen einige relevante Führungstheorien vor. Dieser Teil dient dazu, eine fundierte Basis zu schaffen, um die möglichen Einflüsse von KI auf die Personalführung besser zu verstehen.

Anschließend werden konkrete Beispiele dafür präsentiert, wie KI bereits heute in der Personalführung eingesetzt wird. Wir zeigen Ihnen auf, wie KI bei der Automatisierung von Routineaufgaben unterstützen kann, wie sie große Datenmengen analysiert, um Personalentscheidungen zu treffen, und wie sie Führungskräfte bei ihrer täglichen Arbeit begleitet.

Um die Praxisbeispiele zu validieren und zusätzliche Einblicke zu gewinnen, haben wir qualitative Interviews mit Führungskräften aus dem mittleren und Top-Management geführt. Die Erkenntnisse aus diesen Interviews fließen in die weiteren Kapitel ein und ermöglichen uns, die Chancen und Risiken beim Einsatz von KI in der Personalführung umfassend zu analysieren.

Wir möchten betonen, dass wir uns in diesem Buch nicht nur auf die theoretischen Aspekte beschränken. Uns liegt viel daran, Ihnen konkrete Handlungsempfehlungen und praktische Hinweise mit auf den Weg zu geben. Wir möchten Ihnen helfen, die Chancen von KI in der Personalführung zu nutzen und gleichzeitig die damit verbundenen Risiken zu erkennen und zu minimieren.

Abschließend möchten wir uns bei allen Interviewpartnern bedanken, die ihre wertvollen Erfahrungen und Erkenntnisse mit uns geteilt haben. Ohne ihre Unterstützung wäre dieses Buch nicht möglich gewesen.

Wir hoffen, dass Sie mit diesem Buch einen wertvollen Leitfaden in den Händen halten, der Ihnen dabei hilft, die Zukunft der Personalführung unter dem Einfluss der Künstlichen Intelligenz fundiert zu gestalten. Wir sind überzeugt, dass der richtige Einsatz von Künstlicher Intelligenz in der Personalführung Unternehmen dabei helfen kann, effizienter zu arbeiten und bessere Entscheidungen zu treffen.

Vielen Dank, dass Sie sich für unser Buch entschieden haben. Wir wünschen Ihnen eine inspirierende Lektüre und viel Erfolg bei der Gestaltung einer zukunftsorientierten und erfolgreichen Personalführung.

Markus H. Dahm
Valentin Zehnder

Inhaltsverzeichnis

Über die Autoren

Prof. Dr. Markus H. Dahm ist Organisationsentwicklungsexperte und Berater für Strategie, Digital Change & Transformation. Ferner lehrt und forscht er an der FOM Hochschule für Oekonomie & Management in den Themenfeldern Künstliche Intelligenz, Führung, Business Consulting, Digital Management und agile Organisationsgestaltung. Er publiziert regelmäßig zu aktuellen Management- und Leadership-Fragestellungen in wissenschaftlichen Fachmagazinen, Blogs und Online-Magazinen sowie der Wirtschaftspresse. Er ist Autor und Herausgeber zahlreicher Bücher.

Valentin Zehnder (M.Sc.) ist nach dem Studium der Markenführung und einem Master im Bereich Digitalisierung & Unternehmensberatung als Digital Marketing Consultant bei der Kölner Digital Agentur SUNZINET tätig. Dort berät er Unternehmen hinsichtlich Digitalstrategie, digitalem Marketing und angewendeter Konsumpsychologie im E-Commerce und publiziert in Fachzeitschriften. Er blickt auf einige Jahre Erfahrung auf Agentur- & Konzernseite zurück und beschäftigt sich auch im beruflichen Kontext mit den Einsatzmöglichkeiten von KI.

Einleitung 1

Die Anforderungen und Aufgaben der Personalführung befinden sich innerhalb der letzten Jahrzehnte in einem grundlegenden Prozess der Veränderung. Aufgrund des Wandels von einer Industrie- zu einer Wissensgesellschaft sowie des schnellen technologischen Fortschritts haben sich die Anforderungen an die Personalführung verändert. Um den Herausforderungen der modernen Arbeitswelt gerecht zu werden, müssen Führungskräfte heute spezifische Fähigkeiten und Kenntnisse besitzen.

Die zukünftig aber wohl am deutlichsten spürbaren Veränderungen in der Gesellschaft und damit auch in der Personalführung hängen mit den immer schnelleren und gravierenderen technischen Entwicklungen zusammen. Künstliche Intelligenz (im Folgenden KI) ist hierbei einer der am häufigsten diskutierten Trends. Allein die privaten Investitionen in KI stiegen zwischen 2020 und 2021 innerhalb eines Jahres in den USA um 95 % (auf 52,87 Mrd. USD) und in Europa sogar um rund 220 % (auf 6,42 Mrd. USD) (vgl. Clark, J., & Perrault, R., 2022, S. 155).

Diese Entwicklungen können weitreichende Veränderungen in allen Bereichen des Lebens verursachen. Viele Personen können sich den Einsatz von KI zunächst vor allem als Automatisierung und Robotik in den Bereichen der operativen Wertschöpfung wie der industriellen Fertigung, Forschung oder Medizin vorstellen (vgl. TÜV-Verband, 2021, S. 11), aber auch Aspekte wie Einflüsse auf Arbeitsplätze, Kontrolle von Mitarbeitern und die Steigerung der individuellen Leistung durch Fehlervermeidung sind ihnen bewusst (vgl. Berg, A., & Dehmel, S., 2020).

Für die Personalführung durch KI ergeben sich große Chancen zur Steigerung von Effizienz, Produktivität und Führungsqualität. Oft liest man in diesem

Zusammenhang jedoch vor allem von den großen Risiken, welche KI für unsere Gesellschaft darstellen könnte. Von der Entsozialisierung des Alltags bis hin zur Abschaffung des Menschen zeichnen nicht nur Publikumszeitschriften ein oft stark destruktives Zukunftsbild.

Dieses Buch soll innerhalb des bisher wenig betrachteten Bereichs der KI in der Personalführung Potenziale identifizieren, aber auch die damit verbundenen Risiken realistisch darstellen. Hierbei liegt der Fokus des Buches auf der explorativen Analyse der Führung von Wissensarbeitenden.

Letztendlich setzt sich dieses Essential mit der Frage auseinander, ob KI in der Personalführung lediglich ein weiteres Kreuz im Buzzword-Bingo des eigenen LinkedIn-Netzwerkes darstellt oder die Entwicklungen in diesem Bereich das Potenzial haben, den Arbeitsalltag sowie die Rolle der Führungskraft im Unternehmen grundlegend neu zu definieren.

Grundlagen der KI

2

In diesem Kapitel werden die Grundlagen von KI erläutert, um ein einheitliches Verständnis über die technischen Hintergründe zu schaffen. Die wesentlichen Begriffe werden voneinander abgegrenzt und grundlegende Modelle der KI erläutert. Darüber hinaus werden Chancen und Risiken beim Einsatz von KI identifiziert und die aktuellen Entwicklungen zur Regulierung betrachtet, damit später Einflüsse auf den Einsatz in der Personalführung identifiziert werden können.

2.1 KI und maschinelles Lernen

Die KI-Forschung konzentriert sich auf die Untersuchung intelligenten Verhaltens bei der Lösung von Problemen oder der Bearbeitung von Aufgaben. Basierend darauf wird Software so trainiert, dass sie Aufgaben automatisiert löst oder Vorhersagen aus diesen Daten formuliert. Abb. 2.1 zeigt Beispiele, auf Basis welcher Informationen (Input) KI Voraussagen (Output) treffen kann. Wichtig ist dabei jedoch, dass das Ziel nicht lediglich in der Automatisierung dieser Aufgaben durch die Kopie menschlichen Problemlösungsverhaltens liegt, sondern angestrebt wird, dass die Software Lösungen und Ergebnisse entwickelt, welche außerhalb des gelernten Verhaltens liegen.

Dementsprechend könnte man KI als die Fähigkeit einer Maschine bezeichnen, kognitive Aufgaben eigenständig und mit steigender Effizienz zu bearbeiten.

Hierbei ist KI lediglich der Oberbegriff für mehrere Leistungsbestandteile (siehe Abb. 2.2). Grundlegend für die Funktion von KI sind neuronale Netze. In der KI-Forschung wird versucht, neuronale Netze, wie sie aus der neurologischen Forschung bekannt sind, mithilfe von Computern nachzubilden. Hierin

M. H. Dahm und V. Zehnder, *Moderne Personalführung mit Künstlicher Intelligenz,* essentials, https://doi.org/10.1007/978-3-658-43138-9_2

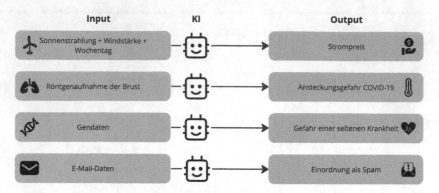

Abb. 2.1 Beispiele für datenbasierte Voraussagen durch KI. (Quelle: In Anlehnung an Schmitt, M., o. J.)

liegt auch der wesentliche Unterschied zur reinen Automatisierung. Während regelbasierte Automatisierung einem strikten, linearen Prozess folgt, verarbeiten neuronale Netze Informationen parallel über mehrere Verbindungen, wodurch sie komplexere Abhängigkeiten abbilden können. Darüber hinaus sind sie in der Lage, diese Abhängigkeiten selbständig auf Basis von Trainingsdaten zu erlernen. Sie werden z. B. zur Prognose von Aktienkursen eingesetzt.

Ein funktionierendes neuronales Netz nutzt die Informationen der Trainingsdaten und verknüpft diese weiter. Das initial zugefügte Wissen wird von der Software dann in jedem weiteren Prozess mit neuem Wissen, neuen Regeln und Optimierungen der Verknüpfungen angereichert. Die KI entwickelt also das neuronale Netz stetig weiter und ergänzt es durch neue Verbindungen. Dies geschieht eigenständig von der Maschine, weshalb man dabei von maschinellem Lernen spricht.

Elementar für maschinelles Lernen sind Algorithmen. Während klassische Algorithmen lediglich eine programmierte Anweisung zur Verarbeitung von Informationen darstellen, kommen bei maschinellem Lernen sogenannte selbstadaptive Algorithmen zum Einsatz. Diese können vom vorgegebenen Prozess abweichen und diesen ohne Fremdeinwirkung anpassen. Selbst-adaptive Algorithmen sind also in der Lage, Aufgaben, deren Problemstellung sich verändert, auf Basis einmaliger Trainingsdaten ohne erneutes Eingreifen von außen zu lösen und den Lösungsweg an neue Gegebenheiten anzupassen. Basis hierfür ist eine möglichst große und qualitativ hochwertige Datenbasis, auf deren Grundlage

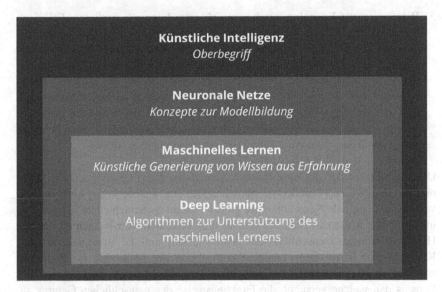

Abb. 2.2 Elemente der Künstlichen Intelligenz. (Quelle: In Anlehnung an Kreutzer, R. T. & Sirrenberg, M., 2019, S. 4)

der Algorithmus Entscheidungen trifft. Diese Daten können auch im Laufe des Lernprozesses von extern zugeführt werden, um die Qualität sicherzustellen.

Bei maschinellem Lernen kann zwischen drei unterschiedlichen Arten des Lernens differenziert werden:

1. **Supervised Learning (auch beaufsichtigtes Lernen):** Der KI stehen bekannte Eingabe-Ausgabe-Paare bereits zur Verfügung. Die KI kombiniert von außen verifizierte Informationen, erkennt selbständig relevante Erklärungsmuster und kann auf diese Weise neue Eingaben vorhersagen. Beispiel: Aus einem Datensatz mit Preisen und Merkmalen von Autos erkennt die KI einen Zusammenhang zwischen Motorleistung und Preis.
2. **Unsupervised Learning (auch nicht-beaufsichtigtes Lernen):** Der KI stehen keine Lösungen oder Ausgaben zur Verfügung. Die KI versucht eigenständig, Muster im Datensatz zu erkennen. Beispiel: Kundendaten stehen unstrukturiert zur Verfügung, die KI erkennt Muster und strukturiert Kunden mit ähnlichen Merkmalen.

3. **Reinforcement-Learning (auch verstärkendes Lernen):** In diesem Fall liegt der KI zu Beginn des Prozesses kein optimaler Lösungsweg vor. Sie interagiert mit den Daten nach einem Trial-and-Error-Prozess und versucht iterativ Lösungswege zu identifizieren. Dabei erhält die KI Belohnungen oder Strafen, je nachdem, ob sie sich durch ihre Entscheidung der Lösung nähert oder entfernt. Beispiel: Die KI für autonomes Fahren in einem Auto wird für Fahrmanöver, welche zu einer Kollision führen, bestraft, und für Manöver, welche Unfälle vermeiden oder zur Straßenverkehrsordnung passen, belohnt. Auf diese Weise lernt die KI, bessere Entscheidungen zu treffen.

Die komplexeste Art des maschinellen Lernens ist *Deep Learning*. Deep Learning beschreibt eine Form des maschinellen Lernens, welche in der Lage ist, tief verwobene neuronale Netze mit einer großen Anzahl an Schichten zu verwenden, um komplexe Muster in Daten zu erkennen und dadurch Vorhersagen zu treffen. Hierfür ist weniger menschliche Unterstützung nötig und die Vorhersagegüte der KI ist deutlich höher. Deep Learning stellt also neben Methoden wie Regressionsanalysen oder Entscheidungsbaum-Modellen eine Methode des maschinellen Lernens dar, welche versucht, die Funktionsweise des menschlichen Gehirns zu simulieren und zu erweitern.

Zusammenfassend lässt sich also sagen, dass KI die Technologie beschreibt, welche basierend auf neuronalen Netzen und mithilfe maschinellen Lernens aus Daten Vorhersagen produziert. KI ist in der Lage, große Datenmengen zu verarbeiten, zu strukturieren und Muster zu erkennen. Auf dieser Grundlage trifft die KI automatisierte Entscheidungen oder Vorhersagen innerhalb sehr kurzer Zeit.

2.2   Modelle des maschinellen Lernens

Während die oben beschriebenen Arten des maschinellen Lernens vor allem die Strukturierung der Daten bzw. das eigentliche Lernen beschreiben, werden im Folgenden die unterschiedlichen Arten der Entscheidungsfindung durch KI erläutert. Dabei werden die unterschiedlichen Begriffe und Bedeutungen kurz definiert und voneinander abgegrenzt.

2.2.1   Diskriminative und generative Modelle

Diskriminative Modelle legen den Schwerpunkt auf die Vorhersage der Klassenbezeichnung eines Datensatzes. Ein diskriminatives Modell lernt also, welche

Merkmale innerhalb eines Datensatzes zu welcher Wahrscheinlichkeit dazu beitragen, dass Daten in eine bestimmte Klasse oder Kategorie eingeteilt werden.
So kann KI bspw. aufgrund der Anordnung und Farbigkeit von Pixeln vorhersagen, mit welcher Wahrscheinlichkeit ein Bild ein bestimmtes Objekt zeigt, und so
Inhalte von Bildern erkennen. Zum Beispiel kann eine diskriminative KI erkennen, mit welcher Wahrscheinlichkeit sich auf einem Bild von einem Apfel auch
tatsächlich ein Apfel befindet.

Generative Modelle hingegen gehen einen Schritt weiter und lernen die
gesamte Wahrscheinlichkeitsverteilung. Auf diese Weise lernen sie, welche Merkmale einen bestimmten Input beschreiben. Generative Modelle lernen, wie Daten
erzeugt werden, und versuchen dann, ähnliche Daten zu generieren. Auf diese
Weise können generative Modelle basierend auf den gelernten Inputs neue, ein-
zigartige Outputs generieren. Wird eine generative KI also bspw. mit Bildern von
Äpfeln angelernt, so ist sie in der Lage, auf Basis dieser Daten das Bild eines
Apfels zu erstellen.

Das Ergebnis muss hier vor allem am Anfang der Lernphase extern bewertet werden, um die Qualität der Ergebnisse langfristig zu steigern. Auch dieser
Vorgang kann automatisiert durch KI ausgeführt werden, indem generative geg-
nerische Netze (auch Generative Adversarial Networks oder GANs) eingesetzt
werden. Hierbei werden zwei generative neuronale Netze so kombiniert, dass
diese versuchen, sich gegenseitig mit Fälschungen zu täuschen, und so immer
besser werden, bis die Fälschung nicht mehr als solche erkannt wird.

2.2.2 Von schwacher KI zu starker KI

Die Unterscheidung zwischen starker und schwacher KI bezieht sich auf den
Grad von Intelligenz und Autonomie, die eine KI aufweist. Schwache KI (auch
narrow AI = Artificial Narrow Intelligence) bezieht sich auf KIs, welche auf
eine spezifische Aufgabe trainiert wurden und nur begrenzte Fähigkeiten besitzen. Sie besitzen keine allgemeine Intelligenz und können nicht auf neue,
unvorhergesehene Probleme reagieren.

Starke KI hingegen (auch general AI) bezieht sich auf Systeme, welche allgemeine Intelligenz besitzen und in der Lage sind, eine Vielzahl von Aufgaben zu
lösen. Sie sind in der Lage, Probleme auf eine Art und Weise zu lösen, die für
menschliches Denken charakteristisch ist.

Ein KI-System mit allgemeiner Intelligenz konnte bisher noch nicht entwickelt
werden. Langfristig ist das Erreichen einer „starken KI" jedoch aufgrund der
Entwicklungen im Bereich der Selbstlernfähigkeit zu erwarten.

Bei Weiterentwicklung der Selbstlernfähigkeit entwickeln sich das Wissen sowie die Problemlösungsfähigkeit einer KI immer schneller (siehe Abschn. 2.2.1), sodass theoretisch ein Punkt erreicht werden könnte, an welchem die Geschwindigkeit, in der eine KI lernt, so hoch wird, dass KI die kognitive Fähigkeit eines Menschen erreicht und übersteigt. Hierbei spricht man vom Punkt der Intelligenzexplosion, welche zu einer sogenannten Superintelligenz führen könnte. Die Superintelligenz könnte Dinge erfassen, die der Mensch nicht erfassen kann, und käme damit auf bisher unbekannte Lösungswege.

Abb. 2.3 zeigt eine mögliche Entwicklung von schwacher KI, wie wir sie in der Gegenwart vorfinden, in Richtung starker KI. Bostrom (2017) geht davon aus, dass nach einer Übergangsphase, in welcher die KI bereits die menschliche Kognition überschritten haben könnte, immer weitere Teile der Entscheidungen und Aufgaben von KI übernommen werden könnten, da die Lernfähigkeit und Objektivität viel schneller zunehmen, als dies bei Menschen der Fall ist. Auch wenn wir uns, wie beschrieben, zum aktuellen Zeitpunkt im Bereich der schwachen KI befinden, so könnte es KI-Experten von Google zufolge bereits im Jahr 2045 zu einer Intelligenzexplosion kommen (vgl. Galeon, D., 2016).

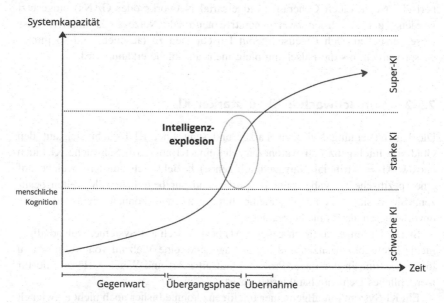

Abb. 2.3 Annahme der Entwicklung von starker zu schwacher KI im zeitlichen Verlauf. (Quelle: in Anlehnung an Bostrom, N., 2017, S. 76)

2.3   Einsatzfelder der KI

Bei der Anwendung von KI-Systemen kann zwischen grundlegenden Einsatzfeldern unterschieden werden.

Natural Language Processing
Natural Language Processing (im Folgenden NLP) ist der dank ChatGPT wohl populärste Teilbereich der KI und beschäftigt sich mit der Verarbeitung und Analyse natürlicher Sprache. NLP-Technologien ermöglichen es Computerprogrammen, den Input menschlicher Sprache zu verstehen, zu interpretieren und zu verarbeiten, sodass die KI in der Lage ist, eigene Texte und Sprachausgaben zu erzeugen, welche für Menschen verständlich sind. Tab. 2.1 zeigt die unterschiedlichen Arten von In- und Output. Ein wichtiger Aspekt dabei ist die Übersetzung natürlicher Sprache in eine maschinenlesbare Form und umgekehrt.

Natural Image Processing
Natural Image Processing (im Folgenden NIP) bezieht sich auf die Verarbeitung und Analyse von natürlichen Bildern. NIP versucht, digitale Bilder in eine für Maschinen lesbare Form zu transformieren, die semantische Information zu extrahieren und automatisiert Entscheidungen auf Basis dieser Informationen zu treffen.

Tab. 2.1 Formen der Ein- und Ausgabe von NLP-Systemen. (Quelle: in Anlehnung an Kreutzer, R. T. & Sirrenberg, M., 2019, S. 28 f.)

Input/Output	Beschreibung	Beispiel
Speech-to-Text	KI überträgt gesprochenes Wort in digitalen Text	Diktierfunktion im Smartphone
Speech-to-Speech	KI verarbeitet gesprochenes Wort und gibt gesprochenes Wort durch Natural Language Generation aus	Sprachassistenten wie Siri und Alexa
Text-to-Speech	KI verarbeitet Text und gibt diesen in Form von Sprache wieder	Vorlese-Funktion von Web-Browsern oder Smartphones (z. B. für Sehbehinderte)
Text-to-Text	KI verarbeitet digitalen Text in eine andere Form von digitalem Text	Übersetzungssoftware wie DeepL oder Chatbots wie ChatGPT

NIP wird in vielen Anwendungsbereichen bereits aktiv eingesetzt. Beispiele sind die biomedizinische Bildanalyse zur Diagnostik, Überwachung von Objekten oder Personen (z. B. Gesichtserkennung am Flughafen) oder auch in Kunst und Kreativgewerbe. So ist bspw. die KI-Lösung von Open-AI namens *Dall-E* oder das Tool *MidJourney* in der Lage, Bilder aus reiner Texteingabe zu visualisieren. Hierbei werden nach Eingabe des Prompts (Befehl) vier KI-generierte Vorschläge gemacht. Durch Auswahl eines Vorschlages kann das Ergebnis immer weiter optimiert werden. Abb. 2.4 zeigt die ersten vier Ergebnisse.

Expertensysteme
Ein weiteres Einsatzfeld für KI sind Expertensysteme. Dies sind KI-Systeme, die versuchen, den Wissensstand und die Entscheidungsfindung eines Experten in einem bestimmten Fachgebiet nachzubilden. Sie verwenden eine Kombination aus Regeln, die aus dem Fachwissen des Experten definiert wird, sowie eine Entscheidungslogik, um ähnliche Probleme auf dieselbe Weise zu lösen, wie sie der Experte wahrscheinlich lösen würde. Ihr Ziel ist es, die Entscheidungsfindung und Lösung von Problemen zu unterstützen, indem dem Benutzer das Fachwissen eines Experten zur Verfügung gestellt wird, ohne dass der Experte persönlich an der Situation beteiligt ist.

Expertensysteme können in vielfältigen Anwendungsbereichen eingesetzt werden, wie z. B. der medizinischen Diagnostik, Finanzberatung, Umweltbeobachtung und bei technischen Problemen. Allerdings könnten Expertensysteme auch dazu eingesetzt werden, Entscheidungen bestimmter Führungskräfte zu simulieren.

Roboter
Ein Roboter ist ein elektronisches oder mechatronisches Gerät, das programmiert wurde, um automatisiert bestimmte Aufgaben auszuführen. Es kann mit einer Vielzahl von Sensoren und Aktuatoren ausgestattet sein, die es ihm ermöglichen, seine Umgebung wahrzunehmen und auf seine Umgebung zu reagieren. Durch die Kombination von sensorischen- und herkömmlichen Input-Daten sind Roboter mithilfe von KI in der Lage, noch präziser mit ihrer Außenwelt zu interagieren und auf sich verändernde Bedingungen zu reagieren.

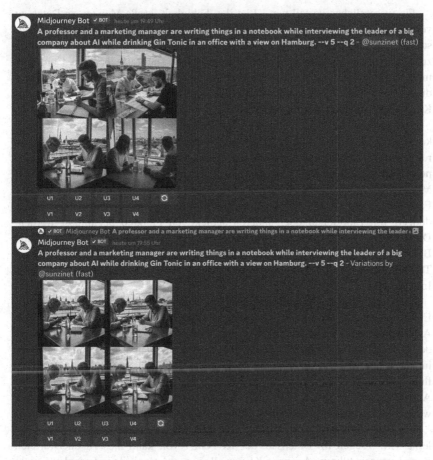

Abb. 2.4 Ergebnisse der NIP KI MidJourney anhand einfacher Text-Eingaben & Varianten-Optimierung der Ergebnisse (unten). (Quelle: Midjourney, 2023)

2.4   Chancen und Risiken beim Einsatz von KI

KI wird bereits in vielen Bereichen der Wirtschaft eingesetzt. Hieraus ergibt sich eine Vielzahl an Chancen und Risiken, welche es beim Einsatz von KI zu beachten gilt. Im Folgenden sollen die wesentlichen Punkte kurz erläutert werden, um diese im späteren Verlauf des Buches bei der Einschätzung des Potenzials von KI in der Führung bewerten zu können.

Ein wesentlicher Vorteil von KI ist ihre Fähigkeit, große Mengen an Daten zu verarbeiten und Muster zu erkennen, die für den Menschen nicht oder nur sehr schwer sichtbar sind. Dies kann dazu beitragen, Prozesse zu automatisieren oder zu beschleunigen und so die Effizienz zu steigern. Die Tatsache, dass Computer mehrere Aufgaben gleichzeitig erledigen können, wirkt sich ebenfalls positiv auf die Effizienz aus. Dies kann bspw. in der Kundenbetreuung zu einer höheren Kundenzufriedenheit führen, da Wartezeiten minimiert werden.

Zudem kann KI dazu beitragen, menschliche Fehler (insbesondere Flüchtigkeitsfehler) zu reduzieren, da Maschinen weniger sensibel auf externe Einflüsse reagieren und keine Konzentrationsschwankungen existieren. Auch sind Maschinen in der Lage, konstante Entscheidungen zu treffen, welche auf einer größeren Menge an Informationen basieren, als dies bei einem einzelnen Menschen der Fall sein könnte. Darüber hinaus besteht nur eine geringe Gefahr, dass Entscheidungen von Emotionen oder anderen subjektiven Punkten beeinflusst werden. Diese Chance ist insbesondere im Gesundheitswesen von enormer Bedeutung. Bereits heute weisen KI-Systeme in einigen Disziplinen ähnliche oder höhere Trefferquoten bei der Diagnostik von Krankheiten auf als MI (menschliche Intelligenz).

Den vielfältigen Chancen stehen jedoch auch einige Risiken gegenüber. Eines der am stärksten wahrgenommenen Risiken ist der mögliche Abbau von Arbeitsplätzen, da viele Aufgaben von maschinellen Systemen übernommen werden können. Dies könnte zu wirtschaftlichen und sozialen Veränderungen führen, insbesondere für Arbeiter, deren Fähigkeiten durch die Automatisierung überflüssig werden. Dies wiederum könnte zu weitreichenden Veränderungen der Anforderungen an das Sozialsystem führen und dafür sorgen, dass bestehende wirtschaftliche sowie politische Strukturen angepasst werden müssten.

Ein weiteres Risiko besteht in der Qualität der Daten, mit welchen KI angelernt wird. Liegen im Datensatz der KI Fehler vor, kann dies zu unerwarteten Konsequenzen führen. Auch ist KI vor allem am Anfang ihrer Lernphase nicht vollständig befreit von Fehlerpotenzial. Entsteht innerhalb der Lernphase einer KI eine Fehleinschätzung, so basieren alle zukünftigen Entscheidungen wiederum auf diesem Fehler. Dies kann dazu führen, dass Entscheidungen nicht korrekt getroffen werden.

In diesem Zusammenhang gilt es auch zu beachten, zu welcher Zeit und unter welchen Umständen die Input-Daten entstanden sind. Die Daten, mit denen KI-Systeme initial gestartet werden, beziehen sich oft auf Informationen aus der Vergangenheit. So werden bspw. KI-Systeme eingesetzt, um die Personalauswahl in Unternehmen zu automatisieren. Diese KI-Systeme gehören oft zur

Kategorie der Expertensysteme (siehe Abschn. 2.3) und versuchen, Personal-entscheidungen so zu treffen, wie diese in der Vergangenheit von MI getroffen wurden. Hierbei besteht die große Gefahr, dass die Entscheidungen bisher nicht frei von Vorurteilen und anderen subjektiven Einflüssen waren, weshalb bspw. Frauen oder Personen einer bestimmten Ethnie bei der Entscheidung benachteiligt werden könnten. Das Unternehmen Amazon hat bspw. ein KI-System zur Auto-matisierung von Einstellungen abgeschafft, da festgestellt wurde, dass weibliche Bewerber bei der Einstellung benachteiligt wurden, da die Entscheidungen der KI auf einem männlich dominierten Datensatz aus der Vergangenheit basierten.

Gleichzeitig kann KI in diesem Zusammenhang aber auch Chancen für die Verbesserung der sozialen Inklusion bieten, indem bspw. körperlich beeinträch-tigten Personen die Teilhabe am öffentlichen und beruflichen Leben z. B. durch KI-basierte Sprachausgabe erleichtert wird.

Auch besteht ein ethisches Risiko, da KI-Entscheidungen oft rein effizi-enzbasiert getroffen werden. KI-Systemen fällt es schwer, ethische Aspekte in Entscheidungen einfließen zu lassen. Diese müssen im Datensatz der KI vorhan-den sein. Da ethische Fragen meist keine eindeutige Antwort zulassen, stellt dies eine große Hürde für KI-Systeme dar.

Darüber hinaus besteht die Gefahr, dass KI-Systeme missbraucht werden, um falsche oder schädliche Informationen zu verbreiten. Durch die schnelle Entwick-lung von NIP-Systemen mit KI lassen sich beispielsweise Bilder oder Videos von Personen des öffentlichen oder privaten Lebens generieren, welche die Per-sonen in allen erdenklichen Situationen zeigen, obwohl diese nicht der Realität entsprechen (sog. Deep-Fakes). Diese können verwendet werden, um Falschin-formationen glaubhaft wirken zu lassen. Sie werden bereits heute zum Beispiel zu Propaganda-Zwecken oder in der Internet-Pornografie eingesetzt. Insbeson-dere den Journalismus stellt dies vor ein großes Problem, da die Verifizierung von Informationen gemeinsam mit der Entwicklung von KI komplexer wird. Ein Beispiel hierfür ist das im Jahr 2023 in den Medien kursierende Bild des Papstes in ungewohnt modischer Kleidung oder eine Bilderserie des ehemaligen US-Präsidenten Donald Trump während einer körperlichen Auseinandersetzung mit der Polizei bei seiner angeblichen Festnahme (Abb. 2.5).

Ein weiteres Risiko, welches auch bereits in einer Vielzahl an dystopischen Romanen und Filmen thematisiert wurde, ist die Automatisierung der Überwa-chung von Menschen. KI ist theoretisch in der Lage, eine unbegrenzte Anzahl an Menschen zu jeder Tageszeit zu überwachen. Je mehr Daten der KI zu Verfügung stehen, desto genauer kann die KI das Leben eines Menschen dokumentieren, was

Abb. 2.5 Beispiele für möglichen Missbrauch von NIP im Journalismus. (Quelle: Twitter @EliotHiggins; Papst: Twitter @skyferrori)

sowohl von Wirtschaftsunternehmen als auch politischen Systemen zur Beeinflussung missbraucht werden könnte. Dieses Risiko thematisiert beispielsweise die von Netflix produzierte Serie „Black Mirror" in einigen Folgen.

Darüber hinaus kann die Verteilung von Daten ein Risiko darstellen. Bereits heute ist ein Großteil der weltweit vorhandenen Daten im Besitz einiger weniger großer Unternehmen. Entwickeln diese Unternehmen KI-Systeme, so hat das jeweilige Unternehmen Kontrolle über die KI und kann anhand von Regeln oder der ihr zugeführten Datenbasis Entscheidungen der KI beeinflussen. Dieser Vorsprung hinsichtlich Größe der Datenbasis kann durch neue Player im Markt bereits jetzt nur schwer aufgeholt werden.

Zusammenfassend lässt sich sagen, dass viele der Chancen und Risiken in einem direkten Zusammenhang zueinander stehen und davon abhängen, wie KI Wissen generiert, wie qualitativ hochwertig der Datensatz ist, wer im Besitz der Daten ist und wofür diese Daten genutzt werden. Darüber hinaus ist an dieser Stelle anzumerken, dass KI ein sich (eigen-)ständig weiterentwickelndes Gebiet ist und dass sich Chancen und Risiken im Laufe der Zeit verändern können. Daher ist es wichtig, dass Behörden und die Industrie eng zusammenarbeiten, um die Entwicklung von KI in eine Richtung zu lenken, die sowohl den Nutzen als auch die Risiken für Gesellschaft und Umwelt berücksichtigt.

2.5   Regulierung von KI

Wie bei der Definition von Chancen und Risiken durch KI deutlich wird, besteht beim Einsatz von KI hinsichtlich ethischer und funktioneller Kriterien Bedarf zur Regulation.

In Deutschland gibt es derzeit keine spezifische Gesetzgebung zur Regulierung von KI. Stattdessen basiert die Regulierung auf bestehenden Gesetzen, wie
dem Datenschutzgesetz und dem Arbeitsrecht. Diese Gesetze bieten jedoch nicht
immer eine ausreichende Abdeckung für die speziellen Herausforderungen, die
mit der Verwendung von KI verbunden sind.

Ein Beispiel ist die Verantwortung für Entscheidungen, welche von KI-
Systemen getroffen werden. In einigen Fällen kann es schwierig sein, zu
bestimmen, wer für die Entscheidungen verantwortlich ist, die von KI getroffen
werden. Die Haftbarkeit bei Gesetzesverstößen durch KI oder durch KI-basierte
Entscheidungen ist bislang nicht klar geregelt und dementsprechend problema-
tisch.

Auch auf europäischer Ebene gibt es Diskussionen und Bemühungen um
die Regulierung von KI. Die Europäische Kommission hat eine Strategie zur
KI-Entwicklung vorgestellt, die den Einsatz von KI im Einklang mit den
europäischen Werten und Rechtsvorschriften fördern soll.

Hierfür hat die Europäische Union im April 2021 einen Gesetzentwurf vorgestellt. Der sog. *AI-Act* soll klare Regeln für den Einsatz von KI und ihre
Auswirkungen auf Menschen und Gesellschaft innerhalb der Europäischen Union
festlegen. Er beinhaltet beispielsweise erste Ansätze zu Regelungen für den
Schutz der Privatsphäre, die Verantwortung für Entscheidungen, die von KI-
Systemen getroffen werden, und die Haftung im Falle von Fehlentscheidungen
(weiterführend Dahm & Twesten, 2023).

Der *AI-Act* soll auch die Verantwortung der Unternehmen regeln, die KI ein
setzen, und sicherstellen, dass sie ethische und verantwortungsvolle Praktiken
befolgen. Darüber hinaus soll der *AI-Act* auch Subventionierung und Bildung im
Bereich von KI fördern. Hierdurch soll sichergestellt werden, dass Regierungen,
Unternehmen und die Öffentlichkeit über die Herausforderungen und Chancen
von KI informiert und aufgeklärt werden und Entscheidungen differenziert treffen können. Wichtig ist hierbei auch die Unterscheidung zwischen Hochrisiko-KI
und weniger regulierungsbedürftiger KI. Der *AI-Act* stellt die Regulierung von
Hochrisiko-KI in den Vordergrund, während weniger riskante KI von Regulierun-
gen ausgeschlossen sein können. Als Beispiel für Hochrisiko-KI-Systeme nennt
die Europäische Union z. B. KI-Systeme im militärischen, medizinischen oder
sicherheitskritischen Kontext. Auch KI im Finanzsektor kann den Hochrisiko-KI-
Systemen zugeordnet werden (vgl. Voss, W. G., 2021, S. 14 ff.). Bis der *AI-Act* in
Kraft tritt, können zwar noch mehrere Jahre vergehen, jedoch zeigt die intensive
Arbeit an der Regulierung, dass der Bedarf und das Potenzial auch von Behörden
erkannt wurden.

Auch soll der 2023 in Kraft tretende *Digital Markets Act* dem in Abschn. 2.4 beschriebene Risiko des ungleichmäßig verteilten Besitzes von Daten entgegenwirken. Der *Digital Markets Act* definiert EU-weit Maßnahmen und Richtlinien, die sog. Gatekeeper (z. B. Google und Meta) dazu zwingen, ihre Daten transparent zu verwalten und auch kleineren Unternehmen den Zugang zu ermöglichen.

Grundlagen der Führungstheorie 3

Nachdem die grundlegenden Möglichkeiten von KI sowie mögliche Chancen und Risiken dargestellt wurden, wird in diesem Kapitel der aktuelle Stand der Forschung im Bereich Personalführung dargestellt.

3.1 Was ist Führung?

Wenngleich die Bedeutung des Führungsbegriffs für Mitarbeiter in Unternehmen meist intuitiv verstanden wird, so fällt bei der Definition auf, dass der Begriff der Führung sehr weitläufig ausgelegt werden kann und Aspekte aus vielen Bereichen der Organisationspsychologie betrifft. Reinhard Baumgarten definierte Führung im Jahr 1977 als „jede zielbezogene, interpersonelle Verhaltensbeeinflussung mithilfe von Kommunikationsprozessen" (vgl. Baumgarten, R., 1977, S. 9). Ähnlich definierte Lutz von Rosenstiel 2009 Führung als „zielbezogene Einflussnahme" (siehe Rosenstiel, L. et. al., 2020, S. 21). Dagegen ergänzt Gary Yukl (2013, S. 7 ff.) die Definition und versteht Führung als einen Prozess der Beeinflussung, der zum Ziel hat, Verständnis und Zustimmung bei den Geführten zu erzeugen. Dies definiert Yukl als Basis für eine individuelle und kollektive Anstrengung zur Erreichung gemeinsamer Ziele. Damit erweitert Yukl das Führungsverständnis um die Motivation von Mitarbeitern zur gemeinsamen Zielerreichung. Diese Definition wird im weiteren Verlauf des Buches genutzt.

Einen in der Populärwissenschaft oft synonym verwendeten Begriff für Führung stellt der Begriff „Management" dar. Auch in deutschsprachiger Wissenschaftsliteratur werden die beiden Begriffe oft synonym verwendet. Im

M. H. Dahm und V. Zehnder, *Moderne Personalführung mit Künstlicher Intelligenz,* essentials, https://doi.org/10.1007/978-3-658-43138-9_3

angloamerikanischen Raum wird jedoch meist klar zwischen Führung und Management unterschieden. Zwar überschneiden und bedingen sich die beiden Ansätze deutlich, jedoch ist die Unterscheidung im Rahmen des Themas dieses Buches sehr relevant.

Wie bereits definiert, beschreibt „Führung" die direkte oder indirekte Beeinflussung von Menschen durch Personen oder Strukturen mit dem Motiv der Zielerreichung. Der Fokus liegt hier darauf, Mitarbeitern eine Richtung vorzugeben, Personen auf bestimmte Zielsetzungen auszurichten, sie zu inspirieren und zur Zielerreichung zu motivieren. „Management" hingegen beschreibt eher administrierende Elemente, welche in Unternehmen aber in ähnlicher Weise benötigt werden. Darunter fallen zum Beispiel Personalauswahl, Einsatzplanung, Entlohnung, das Delegieren von Aufgaben und strategische Entscheidungen oder die Strukturierung von Unternehmen.

Personalführung kann also in inspirierende sowie administrierende Elemente unterteilt werden. Bei der Trennung muss jedoch deutlich gemacht werden, dass beide Teile nicht für sich allein stehen können und beide in einem angemessenen Verhältnis vorhanden sein sollte.

3.2   Relevante Führungsmodelle

Zur Schaffung eines Grundverständnisses der für das Thema des Buches relevanten Führungstheorien werden die wesentlichen Aussagen in Tab. 3.1 dargestellt.

Hierbei liegt der Fokus auf der Identifikation von Erfolgsfaktoren von Führung, welche im weiteren Verlauf des Buches den Fähigkeiten von KI und deren möglichem Einfluss gegenübergestellt werden.

3.3   Aufgaben einer Führungskraft

Aus den wissenschaftlichen Ansätzen ergibt sich eine Reihe an Aufgaben einer Führungskraft. Diese sollen im Folgenden kurz beschrieben werden. Dabei werden die einzelnen Aufgaben in die in Abschn. 3.1 erläuterten Management- sowie Führungsaufgaben unterteilt.

Tab. 3.1 Relevante Führungsmodelle

Name der Theorie	Grundannahme	Ansatz	Erfolgreich führen kann, wer …	Kritik
Eigenschaftstheorie	Menschen werden mit bestimmten Eigenschaften geboren, die sie zu hervorragenden Leitfiguren machen. Die Fähigkeit zu führen ist daher angeboren und nicht erlernbar	Eigenschafter und Charakter bekannter Führungspersonen wurden analysiert, um herauszufinden, welche Eigenschaften Menschen zu hervorragenden Leitfiguren machen	… mit den richtigen Eigenschaften geboren ist	Kulturelle Unterschiede wurden kaum berücksichtigt Die Studien fokussierten sich hauptsächlich auf männliche US-amerikanische Führungskräfte Die Annahme, dass Führungseigenschaften angeboren und nicht erlernbar sind, ist umstritten
Fähigkeitstheorien	Führungsfähigkeiten können erlernt werden und sind unabhängig von angeborenen Eigenschaften	Fokus auf die Identifikation und Entwicklung von Fähigkeiten, um eine effektive Führungskraft zu sein, z. B technische, menschliche und konzeptionelle Fähigkeiten (Three-Skills-Ansatz nach Katz 1956)	… die richtigen Fähigkeiten erlernt hat	Die Theorie berücksichtigt nicht genügend, wie situative Faktoren die Wirksamkeit von Führungsfähigkeiten beeinflussen können

(Fortsetzung)

Tab. 3.1 (Fortsetzung)

Name der Theorie	Grundannahme	Ansatz	Erfolgreich führen kann, wer …	Kritik
Verhaltensansätze	Führung wird durch das Verhalten von Führungskräften definiert	Unterscheidung zwischen Aufgabenorientierung und Mitarbeiterorientierung im Führungsverhalten. Daraus ergeben sich bestimmte Führungsstile (siehe Leadership Grid nach Blake und Mouton 1964)	… wer den richtigen Mix aus Aufgaben- und Mitarbeiterorientierung findet	Die Betonung der Aufgaben- und Mitarbeiterorientierung könnte zu einer einseitigen Betrachtung der Führung führen und vernachlässigt andere wichtige Aspekte wie die Bedeutung der Eigenschaften und Fähigkeiten von Führungskräften
Situationstheorien	Der Führungsstil muss an die jeweilige Situation angepasst werden	Entwicklung von Vorschlägen, wie Führungskräfte in unterschiedlichen Umgebungen und Situationen erfolgreich agieren können	… den für die Situation passenden Führungsstil wählt	Situationstheorien sind recht abstrakt und bieten nicht genügend spezifische Handlungsanweisungen Es gibt keine einheitliche Methode, um den optimalen Führungsstil für eine bestimmte Situation zu bestimmen. Hier ist viel Fingerspitzengefühl gefragt. Dieser große Interpretationsspielraum macht die Ergebnisse dieser Theorie schwer vergleichbar

(Fortsetzung)

Tab. 3.1 (Fortsetzung)

Name der Theorie	Grundannahme	Ansatz	Erfolgreich führen kann, wer …	Kritik
Transformationale Führung	Führungskräfte steigern die intrinsische Motivation der Mitarbeiter durch Inspiration und die Schaffung einer attraktiven Vision	Fokus auf die affektiven und charismatischen Aspekte der Führung, um die Motivation und Leistung der Mitarbeiter zu steigern	… Mitarbeitende inspiriert und so zur Arbeit motiviert	Transformationale Führung hängt stark von der Persönlichkeit der Führungskraft ab und kann nicht immer erfolgreich repliziert werden Transformationale Führung kann als manipulativ gedeutet werden. Sie kann dazu führen, dass Mitarbeitende aufhören, die Führungskraft zu hinterfragen, sondern dass sie ihr blind folgen und eigene Bedürfnisse (oder das Privatleben) vernachlässigen
Servant Leadership	Die Führungskraft dient den Mitarbeitenden und unterstützt ihre individuelle Entwicklung und Zielerreichung	Betonung der Fürsorge für die Bedürfnisse der Mitarbeitenden, Schaffung einer gerechten und wertschätzenden Arbeitsumgebung und Fokus auf langfristige Leistung und Erfolg	… alles dafür tut, dass Mitarbeitende in Ruhe effizient arbeiten können	Servant Leadership ist sehr idealisiert und nicht immer praktikabel. Schwierigkeiten können vor allem in autoritären Umgebungen entstehen oder in Situationen, in denen schnelle Entscheidungen erforderlich sind Servant Leadership kann dazu führen, dass Führungskräfte ausgenutzt werden und ihre Autorität nicht wirksam ausüben können

(Fortsetzung)

Tab. 3.1 (Fortsetzung)

Name der Theorie	Grundannahme	Ansatz	Erfolgreich führen kann, wer …	Kritik
Leader-Member Exchange (LMX)	Fokus auf die individuelle Beziehung zwischen Führungskraft und Mitarbeitenden	Einteilen der Beziehung zwischen Führungskraft und Mitarbeitenden in In-Group-Beziehungen, die von hoher Qualität, Vertrauen und gegenseitiger Wertschätzung geprägt sind, im Gegensatz zu Out-Group-Beziehungen, die eher formal und auf geringere Verantwortung beschränkt sind	… möglichst viele In-Group-Mitarbeitende motiviert	Verhalten nach der Leader-Member-Exchange-Theorie kann zu Ungleichheiten und einer unfairen Verteilung von Ressourcen führen, da Mitglieder der In-Group bevorzugt behandelt werden Es gibt Bedenken, dass die Theorie zu stark auf individuelle Beziehungen fokussiert und die organisatorischen Ziele vernachlässigt
Lean Leadership	Konzentration auf die Verbesserung der Effizienz und Qualität von Organisationen durch die Reduzierung von Verschwendung	Förderung der intrinsischen Motivation der Mitarbeiter durch Beteiligung, Autonomie und Schaffung einer Kultur kontinuierlicher Verbesserung	… Mitarbeitende zu maximaler Effizienz motiviert	Lean Leadership könnte zu einem übermäßigen Fokus auf Effizienz führen, der die Mitarbeiterbelastung erhöht Lean Leadership kann die menschlichen Aspekte der Führung vernachlässigen und zu einem dehumanisierenden Arbeitsumfeld führen

3.3.1   Management-Aufgaben

Erreichung der Unternehmensziele
Die grundlegende Aufgabe einer Führungskraft ist die Erreichung der Unternehmensziele. Führungskräfte sind durch die ihnen übertragene Autorität mitverantwortlich für den Unternehmenserfolg. Diese Aufgabe ist Basis für die meisten weiteren Aufgaben einer Führungskraft. Grundlegend sollen Führungskräfte dafür sorgen, dass die Mitarbeiter in ihrer Verantwortung den erwarteten Beitrag zum Unternehmenserfolg leisten. Hierbei werden Führungskräfte vom Unternehmen zum Belohnen und Sanktionieren bemächtigt.

Definition von Zielen und Zielvereinbarungen
Als Teil der Unternehmensführung sind Führungskräfte meist an der Definition der Unternehmensziele beteiligt. Darüber hinaus sind sie dafür verantwortlich, diese Ziele an die Mitarbeiter zu kommunizieren und ggf. individuelle Zielvereinbarungen mit den Mitarbeitern zu treffen. Diese tragen zum übergreifenden Unternehmenserfolg bei.

Einhaltung von Unternehmensrichtlinien und Fairness
Der Führungskraft wird durch das Unternehmen die Verantwortung für eine Gruppe an Mitarbeitern übertragen. Daher ist die Führungskraft verantwortlich für die Einhaltung von Unternehmensrichtlinien, wie Regeln über Verhalten, Aufgabenerfüllung und Umgang mit Arbeitsmitteln, sowie die korrekte Ausführung von klar definierten Unternehmensprozessen. Hierzu gehört jedoch auch die flexible Auslegung von Unternehmensrichtlinien innerhalb eines eingeräumten Handlungsspielraums für individuelle Situationen. Bei der Entscheidung über Ausnahmen ist jedoch Fairness elementar für eine nachhaltig erfolgreiche Beziehung zwischen Führungskraft und Mitarbeitern sowie für die Produktivität innerhalb des Unternehmens.

Schaffung eines störungsfreien Arbeitsumfeldes
Neben klar definierten Prozessen und Regeln ist eine wesentliche Aufgabe von Führungskräften die Vermeidung von Störungen der Produktivität von Mitarbeitern. Hierzu gehört auch die Vertretung der Interessen des Teams innerhalb der Unternehmensentwicklung und die Verteidigung der Bedürfnisse einzelner Team-Mitglieder im Gesamtkontext des Unternehmens.

Planung und Koordination von Ressourcen und Aufgaben
Auch der Aufbau und die strukturelle bzw. strategische Planung des Team-Setups
sind Aufgaben einer Führungskraft. Teil dieser Planung ist die Entscheidung über
die Teamzusammenstellung, Menge an Mitarbeitern und die Definition der nötigen
Rollen und Positionen innerhalb des Teams im Sinne der Zielerreichung.
    Zum Aufgabenfeld einer Führungskraft gehört auch die Planung und Koordina-
tion der ihr zugewiesenen Ressourcen. Einerseits kann dies die Planung von Budgets
betreffen. Die Führungskraft muss das ihr zugewiesene Budget so einsetzen, dass
die Unternehmensziele möglichst effizient erreicht werden. Zum anderen gehört
auch die Planung der Personalressourcen zum Verantwortungsfeld der Führungskraft. Die Führungskraft erhält vom Unternehmen die Kontrolle über Arbeitskräfte
und verantwortet den Grad deren Auslastung. Hierbei muss die Führungskraft für
das richtige Maß an Aufgaben für jede Arbeitskraft sorgen. Dazu gehört auch die
Koordination von Abwesenheiten (z. B. Urlaub), um eine möglichst gleichbleibende
Produktivität zu gewährleisten.

Qualitätsmanagement
Da die Führungskraft die Verantwortung für die Zielerreichung sowie den betriebs-
wirtschaftlichen Erfolg ihres Zuständigkeitsbereiches trägt, gehört auch die Qualitätssicherung zu ihren Aufgaben. Diese kann durch klare Prozesse definiert werden,
jedoch hat die Führungskraft durch die ihr übertragene Sanktionsmacht die Möglichkeit, die erbrachte Qualität zu beeinflussen. Die Führungskraft kann die Ausführung
der Qualitätssicherung an Mitarbeiter übertragen (z. B. ein Qualitätssicherungs-
team), jedoch behält die Führungskraft die Verantwortung für die Zielerreichung in
einem angebrachten Maß an Qualität.

3.3.2 Führungsaufgaben

Übermittlung von Unternehmenskultur und Marke
Die Führungskraft verkörpert das Unternehmen in Richtung Mitarbeiter und ist
daher von zentraler Bedeutung für das gesamte Unternehmen. Eine entsprechend
wichtige Aufgabe der Führungskraft besteht daher in der Definition und Übermittlung der Unternehmenskultur. Durch die entstandene Vorbildfunktion sollte
die Führungskraft dafür sorgen, dass die Werte des Unternehmens für die Mitarbeiter spürbar und authentisch sind, sodass diese ihr Verhalten an die Werte des

Unternehmens anpassen. Dadurch ist die Führungskraft ein wichtiger Teil des Markenbildungsprozesses. Gleichzeitig wird den Mitarbeitern die Sinnhaftigkeit ihrer Arbeit deutlich, was zur Motivation beiträgt.

Motivation und Inspiration von Mitarbeitern
Eine weitere wichtige Aufgabe besteht im Wecken der intrinsischen Motivation der Mitarbeiter zur Zielerreichung. Ziel ist es, dass die den Mitarbeitern übertragenen Aufgaben bzw. die Arbeit an den definierten Zielen zu ihrem eigenen, persönlichen Anliegen werden, damit sie engagiert und eigenverantwortlich umgesetzt werden. Operativ können mehrere Maßnahmen zu einer Steigerung der Motivation führen. Beispiele hierfür sind die Einbeziehung der Mitarbeiter in Entscheidungen, die Berücksichtigung ihrer Ideen und Anliegen sowie die Befriedigung ihrer Bedürfnisse. Ein weiterer wesentlicher Faktor zur extrinsischen Motivation ist die Verhandlung von materieller und immaterieller Anerkennung und Entschädigung wie Bezahlung, Vergünstigungen und Weiterbildungsmöglichkeiten.

Ein weiteres wichtiges Werkzeug zur Steigerung der Motivation der Mitarbeiter ist die Inspiration zu neuen Ideen, Leistungen oder der Interpretation der Unternehmensvision. Dies ist vor allem zur Vermittlung von Sinn und Zwecks der eigenen Leistung von elementarer Bedeutung und kann z. B. durch systematische Impulsgebung, Weiterbildung oder fachliche Gespräche geschehen, welche über das operative Tagesgeschäft hinausgehen.

Mitarbeiter-Entwicklung und Training
Wie in den Situationstheorien beschrieben (Tab. 3.1), ist die Mitarbeiterentwicklung innerhalb des Unternehmens von zentraler Bedeutung. Während Mitarbeiter zu Anfang des Arbeitsverhältnisses mehr Zuwendung bei gleichzeitig geringerer Effizienz benötigen, kann durch die Unterstützung der Weiterentwicklung der Mitarbeiter ihre Produktivität gesteigert werden. Gleichzeitig spielt die interne Weiterentwicklung von Mitarbeitern, insbesondere von Fachkräften, eine wichtige Rolle für die Mitarbeiterbindung. Hierzu ist die Entwicklung bzw. Durchsetzung einer Feedbackkultur von zentraler Bedeutung. Die Führungskraft bewertet die Ergebnisse und das Verhalten der Mitarbeiter und hilft den Mitarbeitern durch konstruktives Feedback bei der Optimierung ihrer Arbeitsweise oder ihres professionellen Verhaltens. Darüber hinaus ist die gemeinsame Karriereplanung mit den Mitarbeitern ein wesentlicher Bestandteil der Führungsaufgaben. Dazu gehört z. B. die Planung von Weiterbildungen, Trainings und Zertifizierungen.

Mitarbeiterbindung
Mindestens indirekt sind Führungskräfte dafür verantwortlich, ein Arbeitsumfeld zu schaffen, welches die Bindung der Mitarbeiter unterstützt und dafür sorgt, dass Mitarbeiter dem Arbeitgeber treu bleiben. Diese Aufgabe gewinnt insbesondere durch den demografischen Wandel und den damit einhergehenden Fachkräftemangel an Bedeutung. Wie die Mitarbeiter-Entwicklung hat auch die Bindung von Mitarbeitern direkten Einfluss auf die Produktivität und dadurch auf den finanziellen Erfolg des Unternehmens.

Interne Kommunikation
Die interne Kommunikation dient als Sprachrohr zur Unternehmensführung und zu anderen Führungskräften innerhalb des Unternehmens. Sofern der Führungskraft wiederum eine Führungskraft übergeordnet ist, gehören auch die Kommunikation und Verteidigung der Leistung der Mitarbeiter, die Weitergabe von Feedback und die Teilnahme an Gremien auf Vorstandsebene zu ihren Aufgaben. Letztendlich muss die Führungskraft auch für die Reputation der ihr unterstellten Mitarbeiter sorgen, Erfolge kommunizieren und Lernerfahrungen oder Probleme an andere Abteilungen oder Unternehmensbereiche kommunizieren.

Unternehmens- und Geschäftsfeldentwicklung
Wesentlich ist auch die Weiterentwicklung des Verantwortungsbereiches. Die Führungskraft sollte stets daran arbeiten, die langfristige Geschäftsfähigkeit des Unternehmens sicherzustellen und Mitarbeiter auf zukünftige Veränderungen vorzubereiten. Die Führungskraft muss den Markt beobachten und bei Bedarf die internen Innovationsprozesse in Gang bringen, koordinieren und das Change-Management übernehmen. Dies bezieht sich sowohl auf die Weiterentwicklung des Geschäftsmodelles als auch auf die Weiterentwicklung des Teams.

Selbstführung und Wissensaufbau
Zuletzt besteht eine Aufgabe von Führungskräften in der Selbstführung. Zur Bearbeitung der bereits genannten Aufgaben muss die Führungskraft auch ihr eigenes Zeitmanagement kontrollieren, Gewohnheiten reflektieren und sicherstellen, dass die eigene Leistung den Erwartungen der Mitarbeiter gerecht wird. Die Führungskraft als Person besitzt ähnliche Bedürfnisse wie die ihr unterstellten Mitarbeiter.

Auch ist es für Führungskräfte elementar, sich fachlich weiterzubilden und auf dem neuesten Stand zu sein sowie Trends im Markt zu beobachten, um Mitarbeitern fachliche Unterstützung geben zu können. Letzteres ist auch für eine langfristige Glaubwürdigkeit und die Erhaltung des Vorbild-Charakters von Bedeutung.

Wie bei der Definition der Aufgaben einer Führungskraft deutlich wird, ist eine klare Abgrenzung der Aufgaben nicht möglich. Die Grenzen sind oft fließend und Aufgabenziele können widersprüchlich sein (z. B. Entscheidung über Mitarbeitervergütung und Wirtschaftlichkeit des Unternehmens).

3.3.3 Erfolgsfaktoren von Führung

Basierend auf den theoretischen Grundlagen der Führung können nun wesentliche Erfolgsfaktoren für die Personalführung abgeleitet werden. Das Bewusstsein über die Erfolgsfaktoren der Personalführung hilft im weiteren Verlauf des Buches bei der Einschätzung von möglichen Potenzialen von KI in der Personalführung.

Einer der Erfolgsfaktoren, die bereits beschrieben wurden, ist das erfolgreiche Zusammenspiel von inspirierenden („Führung") und strukturgebenden Elementen („Management"). Dies kann auch durch den Verhaltensansatz der Führung nach Blake und Mouton (1964) untermauert werden.

In diesem Zusammenhang spielen auch bestimmte Eigenschaften der Führungskraft eine Rolle. So gibt es eine Reihe an Eigenschaften, welche den Erfolg einer Person als Führungskraft positiv beeinflussen können. Die am meisten belegten Eigenschaften sind hierbei z. B. Extraversion, Offenheit sowie konzeptionelle Fähigkeiten und soziale Intelligenz.

Insbesondere soziale Intelligenz ist entscheidend für die Fähigkeit zur Förderung von Motivation, welche einen weiteren Erfolgsfaktor darstellt. Hierbei ist es wichtig zu beachten, dass extrinsische Motivation (z. B. durch Vergütung) zwar zur Zielerreichung beiträgt, jedoch nur die intrinsische Motivation von Mitarbeitern diese dazu bringt, Ziele zu übertreffen und ein überdurchschnittliches Maß an Engagement einzubringen. Gerade zu Zeiten des Fachkräftemangels geraten extrinsische Aspekte wie das Gehalt immer weiter in den Hintergrund und werden als Hygienefaktoren angesehen, weshalb die intrinsische Motivation immer mehr an Bedeutung gewinnt.

Ein Mittel, die intrinsische Motivation von Mitarbeitern zu steigern, ist die Einnahme einer Vorbildfunktion und das Vorleben der Unternehmenswerte. In diesem Zuge sollte den Mitarbeitern eine klare Vision und der Sinn und Zweck ihrer Arbeit immer wieder vor Augen geführt werden. Passt das vorgelebte Verhalten allerdings nicht zu den tatsächlichen Werten der Führungskraft, hat dies einen negativen Einfluss auf den Führungserfolg.

Ein weiteres wichtiges Mittel zur Steigerung der intrinsischen Motivation und der wahrgenommenen Wertschätzung ist die Übertragung von Verantwortung. Dies steigert die Leistungsbereitschaft und regt Mitarbeiter an, Ziele – falls möglich – zu übertreffen.

Bei der Definition von Zielen ist es besonders wichtig, die Unternehmensziele in Teilziele sowie individuelle Ziele je Mitarbeiter herunterzubrechen. Auf diese Weise kann Mitarbeitern ihr Beitrag zur Erreichung der übergreifenden Ziele deutlich gemacht werden und die Ziele werden greifbarer und damit erreichbar. Die Arbeitsziele der Mitarbeiter sollten immer in einen größeren Zusammenhang eingeordnet werden, um dem Mitarbeiter die Bedeutung und den Sinn seiner Arbeit zu vermitteln. Dies führt zu mehr Identifikation mit der Aufgabe, höherer Motivation und damit eine gesteigerte Bereitschaft zur Zielerreichung.

Einen großen Einfluss auf die Steigerung der Motivation hat auch der Aufbau einer persönlichen Beziehung zu Mitarbeitern. Denn dadurch verringert sich die wahrgenommene Distanz, was die intrinsische Motivation der Zielerreichung steigern kann. Darüber hinaus kann so leichter Commitment hergestellt werden und Mitarbeiter können fester an das Unternehmen gebunden werden, was die Fluktuation reduziert. Hierbei ist es besonders wichtig, dass jedem Mitarbeiter ein ähnliches Maß an Aufmerksamkeit und Wertschätzung entgegengebracht wird.

Fairness und Gleichheit innerhalb des Unternehmens sind damit ein weiterer wesentlicher Erfolgsfaktor. Wenn einzelne Mitarbeiter bevorzugt behandelt werden, kann dies negativen Einfluss auf die Motivation und Leistungsbereitschaft der übrigen Mitarbeiter haben. Dies ist insbesondere unter Berücksichtigung der LMX-Theorie jedoch eine große Herausforderung, da sich laut dieser Theorie die Beziehungen meist durch In-Group und Out-Group separieren (s. Tab. 3.1).

In diesem Zuge ist auch die Sicherstellung von transparenter Kommunikation ein entscheidender Faktor. Entscheidungswege sollten transparent und nachvollziehbar sein. Um ein möglichst hohes Commitment zu erreichen, können Mitarbeiter in die Entscheidungsfindung einbezogen werden. Auf diesem Wege kann den Mitarbeitern Wertschätzung entgegengebracht werden, was die Motivation steigert. Um maximalen Führungserfolg zu erreichen, ist es wichtig, mit den Mitarbeitern in den direkten Dialog zu gehen, ihnen die nötige Zeit in persönlichen Gesprächen zu widmen und diese Chance z. B. in Form von regelmäßigen Jour fixes zur Mitarbeitermotivation zu nutzen. In diesem Rahmen sollte auch die Weiterentwicklung der Mitarbeiter im direkten Dialog und in regelmäßigen Abständen erfolgen.

Im Rahmen der transparenten Kommunikation sollte auch eine intuitive Feedbackkultur geschaffen werden. Führungskräfte müssen das Fach- und Prozesswissen ihrer Mitarbeiter nutzen, um Prozesse zu optimieren und Verschwendung zu

minimieren. Dies hat nicht nur wirtschaftlichen Einfluss auf den Unternehmenserfolg (und damit auf den Führungserfolg), sondern ermöglicht den Mitarbeitern
auch die störungsfreie Arbeit an der Zielerreichung. Diese Aspekte können
sowohl im Zuge des Servant Leaderships als auch im Lean Leadership klar als
Erfolgsfaktoren identifiziert werden.

Grundlegend für die meisten der formulierten Erfolgsfaktoren sind damit
die Eigenschaften Empathie und Anpassungsfähigkeit. Eine erfolgreiche Führungskraft muss ihren Führungsstil an die Situation im Unternehmen und an
die Mitarbeiter selbst anpassen, um so die bestmögliche Unterstützung zur
Zielerreichung bieten zu können. Empathie ist hierbei sehr wichtig, um die
Bedürfnisse der Mitarbeiter zu erkennen und diese zu befriedigen. Hieraus ergibt
sich die Notwendigkeit, die Mitarbeiter kennenzulernen, um deren individuelle
Persönlichkeiten in die Bewertung der Situation einfließen lassen zu können.

Einsatz von KI in der Personalführung 4

Die Untersuchung des aktuellen Stands in der praktischen KI-Forschung erlaubt erste Schlussfolgerungen auf mögliche Einsatzbereiche sowie Chancen und Risiken durch den Einsatz von KI im Allgemeinen. Durch die Darstellung wesentlicher Führungstheorien sowie der Aufgaben von Führungskräften konnte ein grundlegendes Verständnis für den Führungsalltag geschaffen werden. Die bisher gesammelten Informationen werden im Folgenden zusammengeführt, indem die wesentlichen Erkenntnisse der dargestellten Führungstheorien auf mögliche Einflüsse durch KI untersucht werden. Darauffolgend werden Use-Cases vorgestellt, wie KI bereits zur Erledigung von Führungsaufgaben eingesetzt wird. Diese dienen als Basis für die anschließende Einschätzung von Chancen und Risiken beim Einsatz von KI in der Personalführung und geben einen ersten Einblick in praktische Anwendungsfälle.

4.1 Die Bedeutung von Führungstheorie für KI in der Personalführung

Basierend auf ersten Einblicken in die Nutzung von KI für die Personalführung wird nun die Bedeutung der in Abschn. 3.2 dargestellten Führungstheorien auf den Einsatz von KI in der Personalführung analysiert. Dabei wird dargestellt, in welchem Zusammenhang die Erkenntnisse aus der Führungsforschung potenziell für KI nutzbar gemacht werden können und wo Risiken entstehen können.

Eine der frühesten Führungstheorien stellt die Eigenschaftstheorie dar. Sie definiert Eigenschaften, welche erfolgreiche Führungskräfte auszeichnen. Dies könnte von KI als Basis genutzt werden, um die Eignung von Personen als

M. H. Dahm und V. Zehnder, *Moderne Personalführung mit Künstlicher Intelligenz,* essentials, https://doi.org/10.1007/978-3-658-43138-9_4

Führungskraft oder die Qualität von Führung bewerten zu können. Entsprechend den definierten Fähigkeiten könnten Bewertungsdimensionen ermittelt werden, die dann auch für die Weiterbildung von Führungskräften eingesetzt werden. Eine KI könnte die individuellen Fähigkeiten von Führungskräften datenbasiert und auf Basis von standardisiertem Feedback von Mitarbeitern bewerten und entsprechende Weiterbildungen für die Führungskraft anbieten.

Werden die einzelnen Eigenschaften, welche im Rahmen der Eigenschaftstheorien als relevant markiert werden, betrachtet, so wird zudem deutlich, dass KI nicht alle Eigenschaften gleichermaßen erfüllen kann. Abb. 4.1 zeigt die Ergebnisse unterschiedlicher Eigenschaftstheorien im Zeitverlauf. Die kursiv markierten Fähigkeiten könnten entsprechend dem aktuellen Stand der KI-Forschung bereits teilweise von KI übernommen werden. Fähigkeiten wie soziale oder emotionale Intelligenz sind ggf. weiterhin lediglich bei MI im nötigen Ausmaß vorhanden.

Hierbei ergibt sich die bisher nicht zu beantwortende Frage, ob KI Eigenschaften entwickeln kann und in Zukunft mit etwas ausgestattet werden kann, was dem menschlichen Charakter nahekommt. Diese Eigenschaften und deren Gewichtung wären maßgeblich entscheidend dafür, welchen Charakter KI entwickeln kann.

Die Fähigkeitstheorien erweitern die Betrachtung um erlernbare Fähigkeiten. Dies ist hoch relevant für den Einsatz von KI, da KI in der Lage ist, schnell zu lernen. Ähnlich wie bei den Eigenschaftstheorien ist jedoch fraglich, ob KI alle Fähigkeiten gleichermaßen erlernen kann. Das Erlernen technischer Fähigkeiten

Stogdill (1948)	Mann (1959)	Stogdill (1974)	Lord, DeVader & Alliger (1986)	Kirkpatrick & Locke (1991)	Zaccaro, Kemp & Bader (2004)
Intelligenz	*Intelligenz*	*Leistung*	*Intelligenz*	Antrieb	*kognitive Fähigkeiten*
Wachsamkeit	Männlichkeit	*Ausdauer*	Männlichkeit	Motivation	Extraversion
Einsicht	*Anpassungs-*	*Einsicht*	Dominanz	*Integrität*	Gewissenhaftigkeit
Verantwortlichkeit	*fähigkeit*	*Initiative*		Selbstvertrauen	*emotionale*
Initiative	Dominanz	*Selbstvertrauen*		*kognitive Fähigkeit*	*Stabilität*
Ausdauer	Extraversion	*Verantwortung*		Fachwissen	Offenheit
Selbstbewusstsein	*Konservatismus*	*Kooperation*			Verträglichkeit
Kontaktfreude		*Toleranz*			Motivation
		Einfluß			soziale Intelligenz
		Kontaktfreudigkeit			*Selbstkontrolle*
					emotionale Intelligenz
					Lösungs-orientierung

Abb. 4.1 Eigenschaften der Eigenschaftstheorien welche bereits von KI übernommen werden könnten (kursiv). (Quelle: in Anlehnung an Northhouse P.G., 2019, S. 66)

und Fachwissen stellt für KI nach aktuellem Stand der Forschung keine Hürde dar. Inwiefern KI in der Lage ist, bspw. soziales Urteilsvermögen zu entwickeln, hängt stark von den weiteren Entwicklungen in der KI-Forschung und den verfügbaren Daten ab. Dennoch könnten Erkenntnisse aus den Fähigkeitstheorien bereits jetzt eingesetzt werden, um Fähigkeiten von Mitarbeitern oder Führungskräften standardisiert einschätzen zu können. Auf Basis der Bewertung durch KI könnten Führungskräfte die Fähigkeiten ihrer Mitarbeiter besser einschätzen und die Mitarbeiterentwicklung gezielter planen.

Verhaltensansätze wiederum sind relevant für den gezielten Einsatz von KI in der Personalführung. Die Verhaltenstheorien unterscheiden grundlegend zwischen Aufgaben- und Mitarbeiterorientierung. Diese beiden Dimensionen könnten durch die Einführung von KI in Zukunft stärker getrennt betrachtet werden. Während KI durch die schnellere Fähigkeit, Daten zu erfassen und auszuwerten, in der aufgabenorientierten Führung klare Vorteile bietet, könnten sich menschliche Führungskräfte mehr auf die Mitarbeiterorientierung konzentrieren. Durch diese Aufteilung könnten beide Dimensionen im idealen Maß erfüllt werden und das letztendliche Führungsergebnis kann deutlich gesteigert werden. Auch bei der grundlegenden Rollendefinition von menschlichen Personen im Arbeits- und Führungsalltag spielen die Verhaltensansätze eine wesentliche Rolle.

Im Rahmen der Situationstheorien wird dargestellt, dass der Führungsstil an die aktuelle Situation angepasst werden muss. Ähnlich wie bei den Verhaltenstheorien ist hier ein unterschiedlich intensiver Einsatz von KI in der Führung denkbar. Generell unterscheiden sich die in der Theorie erarbeiteten Führungsstile in den Dimensionen „unterstützend" und „direktiv". KI könnte hier die Rolle einer Kontrollinstanz übernehmen und basierend auf ermittelten Daten wie der Analyse von Aufgabeninhalten oder der Mitarbeiterzufriedenheit der Führungskraft den zur Situation und zum Mitarbeiter passenden Führungsstil vorschlagen. Die Entscheidung basiert auf einer Wenn-dann-Entscheidung, welche eine KI erlernen könnte. Dies würde Führungskräften Sicherheit geben und insbesondere in großen Teams die Wahl des passenden Führungsstils erleichtern. Darüber hinaus kann KI in der Lage sein, direktive Aufgaben zu übernehmen, indem sie bspw. Anweisungen gibt oder Aufgaben verteilt.

Im Rahmen der transformationalen Führung könnte KI hingegen einen wesentlichen Teil der transaktionalen Führung übernehmen, sodass die Führungskraft sich selbst auf die Motivation und Weiterentwicklung ihrer Mitarbeiter fokussieren kann. Auf der anderen Seite ist KI laut aktuellem Stand der Forschung kaum in der Lage, transformationale Führung zu leisten. Hier ist weiterhin MI nötig.

Im Sinne des Servant Leaderships kann KI durch die Reduktion von transaktionalen Führungsaufgaben dafür sorgen, dass sich die Führungskraft auf qualitative Aufgaben fokussieren kann. Darüber hinaus ist KI in der Lage, Störungen frühzeitig zu erkennen und der Führungskraft Vorschläge zur Vermeidung von Störungen zu machen.

Betrachtet man die LMX-Theorie, könnte KI durch Entlastung der Führungskraft helfen, dass die frühen Phasen der Beziehung effizienter durchlaufen werden und die Führungskraft schneller eine Beziehung zum Mitarbeiter aufbauen kann. Das Konfliktpotenzial durch ungleiche Behandlung von Mitarbeitern stellt einen wesentlichen Kritikpunkt an der Theorie dar. Diesem könnte durch den Einsatz von KI entgegengewirkt werden. Durch die KI-basierte Analyse der Beziehung können Führungskräfte besser überwachen, welche Mitarbeiter sich aufgrund der bisherigen Entwicklungen bereits in der In-Group befinden sollten. Mit diesem Wissen ist die Führungskraft in der Lage, die Arbeit an bestimmten Beziehungen zu dosieren.

Auch für den Ansatz des Lean Leaderships birgt KI ein großes Potenzial, da sie dafür eingesetzt werden kann, Prozesse zu analysieren und Verschwendung zu identifizieren. So könnte KI bspw. auf Basis des Redeanteils in Meetings auf zu große Meetings oder nicht nötige Teilnehmer hinweisen. Auch könnte KI dafür genutzt werden, standardisiertes Feedback aus dem Team auszuwerten und dessen Relevanz sowie Validität zu prüfen. Auf diese Weise könnte ein zusätzlicher unparteiischer und auf Wunsch anonymer Kommunikationskanal für Feedback und Verbesserungsideen geschaffen werden. Hier könnte KI auch dazu eingesetzt werden, die Umsetzung von eingereichtem Feedback nachzuhalten und sicherzustellen, dass Feedback die richtigen Stellen erreicht.

4.2   Use-Cases für die Verwendung von KI in der Personalführung

Bereits heute wird KI eingesetzt, um Aufgaben von Führungskräften zu automatisieren. Zur Identifikation weiterer Einsatzgebiete werden daher im Folgenden Use-Cases dargestellt, die zeigen, wie KI eingesetzt wird, um Aufgaben einer Führungskraft zu automatisieren.

Bei der Darstellung von Use-Cases liegt der Fokus auf Lösungen, welche hinsichtlich der in Abschn. 3.3 dargestellten Aufgaben einer Führungskraft für Entlastung sorgen können oder den Führungserfolg gemäß Abschn. 3.3.3 verbessern können. Hierbei konzentriert sich die Analyse zunächst auf reale Beispiele aus der Wirtschaft.

Skill-Management, Personalauswahl sowie Mitarbeiterzufriedenheit
Einer den frühesten Anbieter von KI-basierter Software, welche auch in der
Personalführung eingesetzt werden kann, ist *IBM* mit dem Tool *IBM Watson*.
Eine der wichtigsten Funktionen von *IBM Watson* ist in diesem Zusammenhang
die Fähigkeit, Kompetenzen und Skills von Mitarbeitern zu analysieren und potenziellen Schulungsbedarf zu identifizieren. Durch die Analyse von Mitarbeiterdaten
und -informationen kann *IBM Watson* personalisierte Schulungen und Karrierewege
empfehlen.
Auch im Recruiting und in der Personalauswahl kann *IBM Watson* eingesetzt
werden. *IBM Watson Talent* kann bspw. Bewerbungen automatisch analysieren
und bewerten. Chatbots können zudem im Bewerbungsprozess unterstützen, Fragen
von Bewerbern beantworten und fehlende Unterlagen oder Informationen einholen.
Diese Chatbots können in ähnlicher Weise auch in der Interaktion mit Mitarbeitern
verwendet werden.
Durch die Verwendung von Predictive Analytics kann *IBM Watson* historische
Daten zur Mitarbeiterleistung und Fluktuation nutzen, um Vorhersagen für zukünftige Leistungen und Abgänge zu treffen. Basierend auf diesem Wissen können
Führungskräfte Maßnahmen ableiten, um die Mitarbeiterbindung und -zufriedenheit
zu erhöhen.
Das Tool *SuccessFactors* von SAP ist hinsichtlich Funktionsweise und Möglichkeiten vergleichbar mit *IBM Watson*. Auch diese Lösung nutzt Predictive Analytics
und KI zur Erstellung von Schulungsplänen und zur Empfehlung von Karriereplänen
und bietet die Möglichkeit, Mitarbeiterfeedback einzuholen und auszuwerten.

KI zur Analyse von Markttrends
Das *Fraunhofer Institut für Naturwissenschaftlich-Technische Trendanalysen
(Fraunhofer INT)* beschäftigt sich mit der Identifikation von Trends anhand von
wissenschaftlichen Publikationen, Blog-Beiträgen, Fachartikeln und vieler anderer
Quellen. Da die Summe an möglichen Quellen innerhalb der letzten Jahre massiv
angestiegen ist, hat das *Fraunhofer INT* eine KI-basierte Lösung entwickelt, welche
in der Lage ist, sehr große Datenmengen einzulesen, zu analysieren und basierend
auf diesen Informationen auf Zusammenhänge zu untersuchen (vgl. Hildesheim,
W. & Michelsen, D., 2019, S. 132 f.). Die auf IBMs Lösung *Watson Explorer*
basierende KI reduziert den Aufwand für Trendmonitoring enorm und könnte auch
Führungskräfte dabei unterstützen, für ihren Verantwortlichkeitsbereich relevante
Trends zu identifizieren.
Dies kann aus technischer Sicht auch mit einem Tool wie ChatGPT umgesetzt
werden. Hierbei basiert ChatGPT jedoch lediglich auf Daten aus 2021 oder früher.
Abb. 4.2 zeigt die Herangehensweise durch einen einfachen Promt via ChatGPT 4.

Du bist ein Unternehmensberater für eine große Firma. Die Firma ist im Bereich Personalberatung tätig. Nenne den strategisch wichtigsten Trend und eine neue Idee für dein Service-Produkt welches das Unternehmen einführen soll.

Strategisch wichtigster Trend: Künstliche Intelligenz (KI) und maschinelles Lernen (ML) in der Personalberatung

Eine der größten Innovationen in der Personalbranche ist die Anwendung von KI und ML. Sie können Personalberatern dabei helfen, die richtigen Talente schneller und effizienter zu finden. KI-Technologie kann genutzt werden, um Lebensläufe zu durchsuchen, die besten Kandidaten zu identifizieren und sogar die Eignung eines Kandidaten für eine bestimmte Rolle vorherzusagen, basierend auf historischen Daten und Trends.

Neues Service-Produkt: KI-basiertes Talent Matching Tool

Ein neues Service-Produkt könnte ein KI-basiertes Talent Matching Tool sein, das es Personalberatern ermöglicht, ihre Prozesse zu optimieren und gleichzeitig die Qualität der Kandidatenauswahl zu verbessern. Diese Anwendung könnte die Anforderungen eines Jobs mit den Fähigkeiten und Erfahrungen eines Kandidaten abgleichen und so eine kurze Liste der besten Übereinstimmungen erstellen. Darüber hinaus könnte das Tool die Daten aus mehreren Quellen zusammenführen und Muster erkennen, die für den Menschen schwer zu erkennen sind.

Abb. 4.2   Nutzung von ChatGPT zur Trendanalyse. (Quelle: Eigene Angabe mit ChatGPT)

Auswertung von Mitarbeiterbewertungen und Rankings

Das US-amerikanische Finanzunternehmen *Bridgewater Associates* schreibt seinen Mitarbeitern vor, eine App auf allen Firmengeräten (Smartphone, Tablet, Computer) zu installieren, welche die Profile aller Mitarbeiter enthält. Die App animiert die Mitarbeiter in regelmäßigen Abständen dazu, ihre Kollegen anhand von ca. 100 unterschiedlichen Kategorien zu bewerten. Die Ergebnisse dieser Bewertung werden dann mittels KI zu übergreifenden Ratings und Rankings verarbeitet, welche öffentlich innerhalb des Unternehmens einsehbar sind. Primäres Motiv des Einsatzes dieser Technologie ist die Schaffung eines internen Wettbewerbs und die darin bedingte Steigerung der Produktivität. Ähnlich verfährt der Konkurrent *JP Morgan*. Auch hier versenden und erhalten die Mitarbeiter regelmäßiges Feedback über eine Softwarelösung mit dem Namen *Insight360*. Die Bank geht bereits so weit, diese Informationen an ein Vergütungssystem zu knüpfen und gute Leistungen zu belohnen. Dieses System wird bisher lediglich für die gegenseitige Bewertung genutzt, jedoch könnte eine KI diese Bewertung nutzen, um vorher kategorisierte Tasks entsprechend den Kompetenzen, welche sich aus dem Mitarbeiterprofil ergeben, an Team-Mitglieder zu verteilen oder geeignete Mitarbeiter für die Bearbeitung von Aufgaben vorzuschlagen.

Führung durch KI mithilfe von Verhaltensimitation
Ein weiteres Beispiel ist ein Projekt, welches ebenfalls von Bridgewater Associates ins Leben gerufen wurde. Das Unternehmen entwickelt unter dem Namen *PriOS* ein KI-System, das sowohl Personalentscheidungen als auch alltägliche Führungsaufgaben automatisiert übernimmt. Hierbei wird die KI mithilfe der Entscheidungsstruktur des Führungsteams um Firmengründer Ray Dalio trainiert, um die wahrscheinliche Entscheidung dieser Personen zu imitieren. Hauptmotiv des Gründers ist hierbei zwar nicht die Entlastung von Führungskräften, sondern die Sicherstellung der Führung des Unternehmens in seinem Sinne nach seinem Austritt, jedoch könnte ein solches System bei einer ausreichend großen Menge an diversen Daten bereits erste Führungsentscheidungen sowie Personalentscheidungen treffen.

Automatisiertes Monitoring der individuellen Zielerreichung
Ein ebenfalls bei *Bridgewater Associates* eingesetztes Tool namens *The Contract* unterstützt Mitarbeiter dabei, sich selbst Ziele zu definieren und zu formulieren, und überprüft dann durch regelmäßige Abfragen und Dokumentationen den Fortschritt der Zielerreichung des Mitarbeiters und wie lange er für die Erreichung der Ziele braucht. Führungskräfte können jederzeit Reportings über den Stand der Zielerreichung einsehen und werden bei Unregelmäßigkeiten benachrichtigt. Diese Unregelmäßigkeiten erkennt das System unter anderem durch den Vergleich mit dem Prozess der Zielerreichung anderer Mitarbeiter.

Unterstützung bei der Entscheidung bei gegensätzlichen Meinungen
Im Falle von Meinungsverschiedenheiten kann die Management-Software *PriOS* darüber hinaus die unterschiedlichen Ansichten analysieren, anhand von bestehenden Datensätzen und der Struktur früherer Entscheidungen bewerten und Handlungsempfehlungen aussprechen. Die KI zieht hierzu auch Informationen bzgl. der definierten Unternehmensvision hinzu. Stellt man der KI also Informationen zu Unternehmenswerten oder der Vision des Unternehmens zur Verfügung, kann dies die Entscheidung so beeinflussen, dass diese auch im Sinne der Vision des Unternehmens getroffen wird. Dies kann für die Moderation von Diskussionen verwendet werden und ein wichtiges Tool für die Entscheidungsfindung darstellen. Auf diese Weise könnten auch Konflikte entschärft werden, da die KI als mutmaßlich unparteiische Instanz argumentiert.

Automatisierung von Aufgabenverteilung

Das *Institute for the Future* mit Sitz im Silicon Valley entwickelte bereits 2015 einen Software-Prototypen namens *iCEO,* welcher in der Lage ist, komplexe Management-Aufgaben in kleine Teilschritte zu unterteilen und diese dann zu automatisieren. In einem Testlauf sollte das KI-System nach der einmaligen Festlegung von Parametern wie Zuständigkeiten und Kompetenzen die Erstellung eines umfangreichen Forschungsberichtes koordinieren. Das KI-System verteilte Aufgaben zum richtigen Zeitpunkt an über 20 verschiedene Teammitglieder und erstellte Briefings zur Erstellung von Abbildungen basierend auf Inhalten einer automatisierten Recherche, welche das Tool ebenfalls selbständig umsetzte. Durch die Automatisierung der Projektleitung konnte das Projekt vollständig und ohne wesentliche Qualitätseinbußen umgesetzt werden, wobei die Durchlaufzeit im Vergleich zu herkömmlich organisierten Projekten dieser Art um mehrere Wochen verkürzt werden konnte.

Automatisierung des Arbeitsalltags

Zu den Aufgaben einer Führungskraft gehört auch eine große Bandbreite an Schreibarbeiten, meist formeller Natur. Diese basieren oft auf definierten Strukturen und weisen einen sehr geringen Grad der Individualisierung auf. Beispiele hierfür sind das Schreiben qualifizierter Arbeitszeugnisse, Leistungsbeurteilungen, formale Nachrichten wie Abmahnungen, Arbeitsverträge oder Meeting-Agenden. Viele dieser Aufgaben können durch die KI-Software ChatGPT weitestgehend automatisiert oder zumindest deutlich beschleunigt werden. Der von Open-AI entwickelte Chatbot ist in der Lage, basierend auf einer großen Zahl an gelerntem Text auch komplexe Fragen und einfache Arbeitsanweisungen mit sehr hoher Qualität zu beantworten. So kann das Tool bereits zur Erledigung der beschriebenen Schreibarbeiten eingesetzt werden. Darüber hinaus kann es auch Fachartikel und Nachrichten zusammenfassen, welche für die Arbeit einer Führungskraft von hoher Bedeutung sind. Die KI ist in der Lage, komplexe Texte ohne Verlust der wesentlichen Informationen in gewünschter Länge und Tiefe zusammenzufassen oder Texte nach bestimmten Informationen zu durchsuchen. Auch die Formulierung von Ansprachen, Reden oder Intranet-Beiträgen kann durch die KI automatisiert werden. Durch das jüngst veröffentlichte Update (GPT-4) und die von Microsoft angekündigte Integration in Microsoft Office ist die KI sogar in der Lage, Präsentationen aus unstrukturierten Daten zu erstellen oder Excel-Listen auszuwerten und Trends darzustellen, was den Arbeitsalltag von Führungskräften deutlich erleichtern könnte.

Messung von Mitarbeiterzufriedenheit und Automatisierung von HR-Prozessen

Daten können auch zur Erfassung der Mitarbeiterzufriedenheit sowie zur Messung von Führungserfolg genutzt werden. Durch regelmäßige Umfragen bspw. zu Workload, persönlichem Befinden oder der Einschätzung von Führungskräften stellt das Tool *Officevibe* Führungskräften eine Auswertung zur Verfügung, um ein Bild über die allgemeine Stimmung oder Performance einzelner Mitarbeiter, Teams oder Abteilungen zu gewinnen. Die Software *HRworks* hingegen standardisiert unter anderem den Ablauf von Personalgesprächen, erinnert Mitarbeiter und Führungskräfte an die Vorbereitung und hilft bei der Dokumentation dieser Termine. Auch wenn beide Tools bislang keine KI einsetzen, liegt hier ein großes Potenzial für deren Einsatz. Das US-amerikanische Unternehmen *inFeedo* kombiniert diese beiden Ansätze und ergänzt sie durch die Nutzung von KI an mehreren Stellen. Ihre Software *Amber* erweitert die genannten Funktionen beispielsweise um einen KI-basierten Chatbot, welcher in der Lage ist, häufig aufkommende Fragen zu beantworten sowie Antworten auf weitergehende Fragen basierend auf NLP zu finden. Darüber hinaus setzt *Amber* KI zur Analyse von Urlaubs- und Krankheitsdaten sowie Mitarbeiterumfragen ein. Dadurch müssen Führungskräfte diese Daten nicht mehr selbst analysieren, sondern erhalten Hinweise und Handlungsempfehlungen von *Amber.* So kann *Amber* bspw. anhand sinkender Zufriedenheit eines Mitarbeiters reagieren und der verantwortlichen Führungskraft ein Einzelgespräch mit dem Mitarbeiter vorschlagen und planen.

KI-basierte Führungskräfteentwicklung

Die Smartphone-App *Bunch AI Leadership Coaching* nutzt KI, um personalisiertes Coaching für Führungskräfte anzubieten. Hierbei führt die App ein Assessment durch, bewertet den Führungsstil des Nutzers und gibt Empfehlungen zur Verbesserung und Weiterentwicklung. Durch Feedback auf Basis von Daten und Erfahrungen anderer Führungskräfte sowie individuelle Lerninhalte kann der Nutzer seinen Fortschritt messen und sich gezielt verbessern. Die Integration in andere Tools wie Kalender und To-do-Listen ermöglicht eine nahtlose Einbindung in den Arbeitsalltag. Auf diese Weise können außerdem weitere Daten gesammelt und ausgewertet werden, um die Lerninhalte spezifisch an die Bedürfnisse und den Führungsstil des Users anpassen zu können. So kann die fachliche Entwicklung von Führungskräften und Mitarbeitern methodengestützt automatisiert werden. Auch das Tracking von Zielen ist mit der App möglich.

Darüber hinaus entwickelt das Unternehmen eine KI, welche durch NLP in der Lage ist, Chat-Konversationen und E-Mails auszuwerten, um den im Unternehmen herrschenden Führungsstil sowie die Kultur zu identifizieren. Auf diese

Weise können Unternehmen die Stimmung innerhalb des Unternehmens analysieren und Einsichten über die gelebte Unternehmenskultur gewinnen. Abb. 4.3 zeigt ein Dashboard aus *Bunch.ai,* auf welchem Führungskräfte die aktuelle Stimmung im Unternehmen hinsichtlich Aspekten wie Lernbereitschaft, Kollaboration, moralischer Zustand und Kundenorientierung ablesen können. Basierend auf diesen Einsichten soll es Unternehmen ermöglicht werden, Schritte zur Veränderung der Unternehmenskultur einzuleiten. Im nächsten Schritt soll die KI auch dafür genutzt werden können, zur Unternehmenskultur passende Talente zu identifizieren und einzustellen.

Die App wurde in Zusammenarbeit mit der *Stanford Graduate School of Business* entwickelt und basiert auf einer großen Anzahl an Interviews mit Führungskräften zu deren Informationsbedarf und Erfahrungswerten im Bereich des Kompetenzaufbaus.

Erledigung der Aufgaben des CEOs durch KI
Das chinesische Gaming-Unternehmen Netdragon Websoft geht hier bereits einen Schritt weiter und hat im August 2022 die Rolle des CEOs als eines der ersten Unternehmen weltweit an ein KI-System mit dem Namen *Tang Yu* vergeben. Hier werden von der KI typische CEO-Aufgaben ausgeführt wie die Analyse von Reports

Abb. 4.3 Dashboard aus *Bunch.ai* zur Identifikation der aktuellen Stimmung im Unternehmen. (Quelle: *Stoll, K.,* 2019)

oder Geschäftsprozessen. Die KI ist aber auch in der Lage, selbständig Entscheidungen zu treffen, Risiken zu bewerten und Handlungsschritte einzuleiten sowie die Effizienz am Arbeitsplatz zu überprüfen und ggf. Sanktionen anzuordnen.

Innerhalb eines halben Jahres nach der Übernahme des CEO-Postens durch KI konnte die Firma sogar ihren Börsenwert um über 18 % steigern, während der Index, in welchem der Konzern gelistet ist, fast 3 % verloren hat. Ob dies auf die Führung durch KI zurückzuführen ist, ist laut aktuellem Informationsstand nicht nachvollziehbar, dennoch ist erkennbar, dass durch den Einsatz von KI als CEO jedenfalls keine Verschlechterung der Situation eingetreten ist.

4.3   Qualitative Untersuchung der Chancen und Risiken durch KI – Ergebnisse aus Experteninterviews

Die aufgeführten Use-Cases stellen jedoch noch nicht das gesamte Potenzial der Anwendung von KI in der Personalführung dar. Aufgrund der nicht weit entwickelten Forschung und der geringen Zahl an bereits umgesetzten Use-Cases wurden von den Autoren explorative Experteninterviews durchgeführt, um weitere Chancen und Risiken finden und benennen zu können.

Mithilfe der in diesem Abschnitt dargestellten Untersuchung soll herausgestellt werden, welche Herausforderungen im Führungsalltag bestehen, um Potenziale zur Lösung durch KI zu finden. Dabei wurden Führungskräfte in leitfadengestützten Experteninterviews befragt.

Bei der Formulierung von Erfolgsfaktoren für Führung legen die Befragten großen Wert auf eine persönliche Beziehung zu ihren Mitarbeitern, „Führung auf Augenhöhe" und individuelle Reaktion auf die Bedürfnisse der Mitarbeiter (situative Führung). Besonders hervorgehoben wurde oft, dass Führungskräfte bei ihren Entscheidungen auch die persönlichen Hintergründe der Mitarbeiter beachten müssen. In diesem Zusammenhang wurde jedoch in Bezug auf KI in der Personalführung das Risiko beschrieben, dass KI die Distanz zwischen Mitarbeitenden und Führungskraft erhöhen kann und persönliche oder soziale Aspekte in den Hintergrund geraten. Solche Daten werden bisher bei keinem der Befragten systematisch erfasst. Diese Erfassung müsste jedoch geschehen, damit KI diese Aspekte ebenfalls in ihre Entscheidung einfließen lassen kann. Diese Daten müssten dabei dem System voraussichtlich manuell zugefügt werden. Hierbei bestünde jedoch wieder das Risiko, dass manuelle Eingaben wie diese selten frei von Wertung sind. KI wäre in diesem Fall abhängig von der subjektiven Einschätzung der Führungskraft.

Auch die Wahrnehmung von Wertschätzung könnte durch den Ersatz von persönlicher Kommunikation durch KI sinken, sofern Führungskräfte hier nicht gezielte Gegenmaßnahmen einleiten. Auf der anderen Seite verspricht KI in diesem Zusammenhang eine bessere Möglichkeit für Führungskräfte, die Bedürfnisse der Mitarbeiter anhand von Daten zu identifizieren und die Bedürfnisse aller Mitarbeiter gleichermaßen zu betrachten, da KI die Auswertung größerer Datenmengen und -quellen ermöglicht. Hierzu sind die befragten Führungskräfte teilweise bereits jetzt nicht mehr in der Lage. Mit der steigenden Integration von digitalen Tools und KI steigt aber die Menge an verfügbaren Daten weltweit deutlich an. Dies bestätigt auch eine Studie der International Data Corporation aus 2021, laut welcher die verfügbare Datenmenge zwischen 2020 und 2025 um über 180 % steigen wird (vgl. Hack, U., 2021). Hier erscheint KI nicht nur als ein mögliches, sondern ein notwendiges Mittel, um die gesammelten Daten nutzbar zu machen.

So wurde in mehreren Interviews deutlich, dass Führungskräfte, insbesondere bei großen Teams, nicht mehr in der Lage sind, jeden Mitarbeiter individuell zu erfassen. Hierfür könnte KI eine Hilfe sein, indem relevante Informationen kumuliert dargestellt werden. Auch könnte KI die Führungskraft darauf hinweisen, dass sie bestimmten Mitarbeitern ungleiche Aufmerksamkeit schenkt, und Führungskräfte dazu anregen, ihre Aufmerksamkeit gleichmäßig zu verteilen. Dies kann sich auch auf die Fairness von Entscheidungen auswirken, da KI keine persönlichen Beziehungen zu Mitarbeitern pflegt und rein objektive Entscheidungen trifft. Auf diese Weise besteht das Potenzial, dass Entscheidungen z. B. im Recruiting fairer getroffen werden. Die benötigte Dosierung von Führung variiert laut einigen Aussagen ebenfalls von Mitarbeiter zu Mitarbeiter oder situativ nach Arbeitserfahrung oder Situation im Unternehmen. Auch diese Aspekte könnten von KI zur individuellen Handlungsempfehlung pro Mitarbeiter hinzugezogen werden, da ggf. bestimmte Mitarbeiter ein größeres oder kleineres Interesse an enger Führung haben könnten. Auf diese Bedürfnisse könnte durch die Auswertung von KI noch individueller eingegangen werden. Vertieft man diesen Aspekt und betrachtet die in Abschn. 2.3 beschriebenen technischen Möglichkeiten, so könnten auf Basis der gesammelten Daten im nächsten Schritt digitale Zwillinge von Mitarbeitern erstellt werden. Diese könnten dann dafür eingesetzt werden, Auswirkungen von Entscheidungen zu simulieren. So könnte die von KI generierte Entscheidungsgrundlage für Führungskräfte um die Auswertung gelernter, subjektiver Wahrnehmung ergänzt werden. Entscheidungen wie bspw. die Einführung einer Vier-Tage-Woche oder die strategische Neuausrichtung des Unternehmens könnten an den digitalen Zwillingen der Mitarbeiter getestet werden.

Auch birgt der Einsatz von KI die Chance, Einsichten über die Zufriedenheit von Mitarbeitern zu gewinnen. Durch die regelmäßige Messung der Mitarbeiterzufriedenheit könnten bspw. Aufgaben, welche mit einer steigenden Krankheitsquote korrelieren, identifiziert werden und Maßnahmen zur Veränderung oder Vermeidung dieser Aufgaben entwickelt werden. Auch könnten frühzeitig Überlastungen identifiziert werden, indem KI die Durchlaufzeit bestimmter Aufgaben lernt, diese langfristig einschätzen kann und so die verfügbaren Ressourcen planen kann. Hier könnte eine neue, wesentliche Aufgabe für die Führungskraft entstehen, da sie dafür sorgen muss, dass diese Daten frei von Fehlern und Verzerrung erhoben werden. Fehler, bspw. durch unehrliche Antworten von Mitarbeitern durch soziale Verzerrung, müssen vermieden werden, da sonst eine große Gefahr der Fehlinterpretation besteht. Auch muss sichergestellt werden, dass nicht nur bestimmte Gruppen von Mitarbeitern, z. B. diejenigen mit besonders großem oder geringem Commitment, an Befragungen teilnehmen. Letztendlich könnte ein solches KI-Tool auch dazu eingesetzt werden, neben der Zufriedenheit generelles Feedback oder Verbesserungsimpulse standardisiert einzuholen. Auf diese Weise könnte den Mitarbeitern die Partizipation erleichtert werden und das Gefühl der Möglichkeit zur Mitbestimmung gestärkt werden, was sich positiv auf die Zufriedenheit auswirken kann.

Daten über die Zufriedenheit könnten beispielsweise in Verbindung mit der Erfassung von Gesundheitsdaten validiert werden, da so bspw. Stress erkannt werden kann. So könnte KI in der Lage sein, Stress frühzeitig zu erkennen und den Mitarbeiter, oder in nächster Instanz die Führungskraft, zu benachrichtigen, sodass rechtzeitig Maßnahmen zur Stressreduktion eingeleitet werden können. Auch könnte die Führungskraft daraus das Stresslevel innerhalb bestimmter Teams oder Abteilungen ablesen. Des Weiteren könnte die Möglichkeit zur Messung von Störungen bspw. durch Chat-Nachrichten dazu beitragen, dass Produktivität und Konzentration von Mitarbeitern gefördert werden. Hier stellt sich jedoch die Frage, wie KI diese Daten erfassen kann und anhand welcher Kriterien KI entscheidet, ob eine Fokus-Phase unterbrochen wird oder nicht. Hierfür wäre ggf. die Erhebung von Gesundheitsdaten wie Puls oder Bewegung nötig.

In diesem Zusammenhang wurde auch die automatisierte Tagesplanung durch KI auf Basis des Biorhythmus des Mitarbeiters oder der Führungskraft thematisiert. So könnte KI Aufgaben und Termine so planen, dass diese zur idealen Tageszeit erledigt werden, um die Produktivität und das Wohlbefinden des Mitarbeiters zu steigern. Gesundheitsdaten könnten außerdem Aufschluss darüber geben, wie Menschen mit Kollegen, Mitarbeitern oder Führungskräften interagieren. So könnten Führungskräfte bspw. einen Hinweis bekommen, wenn ihr Verhalten Ärger oder Frustration bei Mitarbeitern verursacht. Die Führungskraft kann ihr Verhalten dann besser an die Bedürfnisse der Mitarbeiter anpassen und ggf. auftretendem Missmut aktiv und frühzeitig gegensteuern.

Insbesondere bei der Analyse von Gesundheitsdaten besteht jedoch ein hohes Risiko in Bezug auf den Schutz dieser Daten, insbesondere weil es sich bei diesen Daten laut DSGVO um besonders schützenswerte Daten handelt (vgl. DSGVO, Art. 9). Die Auswertung von Gesundheitsdaten, aber auch die Auswertung von Arbeitsergebnissen, Kommunikation oder Terminkalendern stellt einen massiven Eingriff in die Privatsphäre von Mitarbeitern dar. Hinsichtlich der ungenauen Regulierung von KI ist dies ein rechtliches Risiko für Unternehmen. Noch gravierender ist aber der potenzielle Einfluss auf die Psyche des Menschen. So könnten Mitarbeiter die steigende Transparenz und Überwachung durch KI als stark belastend wahrnehmen, was sich negativ auf die Zufriedenheit, Loyalität und Effizienz sowie die Beziehung zur Führungskraft auswirken kann. Zudem könnten diese Daten bei mangelhafter Verschlüsselung durch Unternehmen missbraucht oder bspw. an Krankenkassen weitergegeben werden. Auch der Diebstahl solcher Daten stellt ein großes Risiko dar, welches Unternehmen vor große Herausforderungen stellen kann.

In diesem Zusammenhang spielt auch die bereits beschriebene Problematik der Datenqualität eine wesentliche Rolle. So stellt die automatisierte Analyse von Daten zwar eine große Chance zur Effizienzsteigerung dar, jedoch besteht dabei auch ein großes Risiko für falsche Entscheidungen bei inkorrekten oder unvollständigen Datensätzen. So funktioniert bspw. die vollständig faire Betrachtung der Arbeitsleistung nur dann, wenn die KI auf den gesamten Datenbestand zugreifen kann. Bestehen hier unterschiedlich viele Daten z. B. bei Mitarbeitern unterschiedlicher Abteilungen oder Unternehmensteile, so können algorithmische Entscheidungen verfälscht werden, was zu Diskriminierung führen kann. Auch wenn Daten nur bei bestimmten Aufgaben generiert und ausgewertet werden, besteht die Gefahr, dass Mitarbeiter, welche genau in diesen Aufgaben besondere Fähigkeiten besitzen, gegenüber anderen Mitarbeitern ungerecht behandelt werden, da deren Fähigkeiten nicht betrachtet werden. Hier kommt auch der Aspekt zum Tragen, dass fehlende Standardisierung von Prozessen oder Arbeitsabläufen die Arbeit einer KI negativ beeinträchtigen könnte, da sie die Arbeitsabläufe nicht einheitlich erfassen kann. Auf der anderen Seite könnte KI jedoch auch dafür eingesetzt werden, um Muster in Arbeitsabläufen zu erkennen und entsprechende Standardisierungen zu erarbeiten. Dies wird von einer vom IMWF (Institut für Management- und Wirtschaftsforschung) durchgeführten Studie gestützt, nach der für 54 % der deutschen Unternehmen die Standardisierung von Prozessen im Rahmen der Digitalisierung die größte Herausforderung der nächsten Jahre darstellen wird (vgl. Bauling Consulting et al., 2021).

Auch die Tatsache, dass KI lediglich historische Daten analysiert, kann u. a. im Recruiting zu Diskriminierung führen (siehe Abschn. 4.2), birgt aber auch die Gefahr, dass KI Schwierigkeiten dabei haben könnte, Zukunftsentscheidungen zu treffen, welche auf Intuition oder unvollständigen Daten beruhen. Diese sind jedoch oft zur Gestaltung zukünftiger Szenarien notwendig.

Um das Problem der falschen Interpretation von Daten zu umgehen, ist die absolute Transparenz der von einer KI getroffenen Entscheidung sehr wichtig. Auf diese Weise kann eine Führungskraft nachvollziehen, weshalb eine KI eine bestimmte Empfehlung ausspricht, und die Qualität der Entscheidung bewerten. Auf dieser Basis kann die KI wiederum lernen, wodurch Fehlinterpretationen bedingt waren, um diese bei der nächsten Entscheidung zu vermeiden. In Bezug auf die Formulierung von Handlungsempfehlungen für die Zukunft könnte weiterhin die subjektive Einschätzung von MI maßgeblich sein.

Ähnlich ist der Einsatz von KI zur Planung der Mitarbeiterentwicklung einzuschätzen. Die KI-basierte Empfehlung von passenden Weiterbildungen wurde von einem Großteil der Befragten als großes Potenzial identifiziert. Basierend auf der zuvor beschrieben Datengrundlage könnte KI deutlich besser in der Lage sein, die Skills von Mitarbeitern einzuschätzen und passende Schulungen vorzuschlagen. Dies würde den Rechercheaufwand der Führungskraft deutlich reduzieren und könnte zu einer besseren Abdeckung von Kompetenzen innerhalb des Führungsbereichs führen. Dieses Potenzial ist allerdings auch für die Führungskraft selbst nutzbar, da auch die Führungsleistung durch KI eingeschätzt werden könnte und bspw. basierend auf den im Rahmen der Eigenschaftstheorien definierten Führungseigenschaften entsprechende Weiterentwicklungsprogramme für die Führungskraft empfohlen werden können. Es ist sogar vorstellbar, dass KI basierend auf diesem Wissen Mitarbeiter einer passenden Führungskraft zuordnet, die zu den Eigenschaften des Mitarbeiters passt und seinem Führungsbedürfnis ideal entspricht. Sowohl in Bezug auf Führungsskills als auch in Bezug auf die Mitarbeiterentwicklung ist jedoch die angesprochene Gratwanderung hinsichtlich Spezialisierung zu beachten. Beim Einsatz von KI in diesem Bereich muss sichergestellt werden, dass der Grad der Standardisierung nicht zu einem zu großen Verlust der Vielfältigkeit führt. Um ggf. auch neue Potenziale zu entwickeln, kann es nötig sein, dass Führungskräfte die Entscheidung von KI an dieser Stelle subjektiv erneut betrachten und bei Bedarf Anpassungen vornehmen, um auch neue Entwicklungen, welche die KI z. B. wegen eines zu hohen Risikos nicht in Betracht gezogen hätte, in die Wege zu leiten.

Ausgehend von einer guten Datenqualität und neutralen Datenselektion durch die KI in der Lernphase ergeben sich große Chancen für die Zukunft der Personalführung. So erleichtert und beschleunigt KI nicht nur die Entscheidungsfindung, sondern sie kann auch dafür sorgen, dass Führungskräfte entlastet werden und mehr Zeit für die qualitative Führung und Weiterentwicklung ihrer Mitarbeiter zur Verfügung haben. Indem administrative Tätigkeiten automatisiert werden und der Arbeitsalltag z. B. durch optimierte Planung und die Vermeidung nicht notwendiger Termine effizienter gestaltet wird, sind Führungskräfte in der Lage, mehr Zeit pro Mitarbeiter einzusetzen. Freie Zeit kann auch durch die Übernahme von elektronischer Kommunikation durch KI entstehen. Hierbei ist es jedoch besonders wichtig, dass Führungskräfte die gewonnene Zeit auch gezielt für qualitative Führungsaufgaben einsetzen. Es besteht die Gefahr, dass Führungskräfte die gewonnene Zeit wiederum für die Steigerung der eigenen Produktivität einsetzen und die Führungsqualität dadurch nicht gesteigert wird. Dies hätte ggf. sogar einen doppelten negativen Einfluss auf die Beziehung zwischen Mitarbeiter und Führungskraft, da die quantitative Kommunikation durch KI reduziert wird und sich die Distanz weiter erhöht. Führungskräfte müssen also aktiv Maßnahmen ergreifen, um mehr Zeit in die Interaktion mit Mitarbeitern zu investieren. Hierbei kann wiederum KI helfen und das Verhältnis zwischen produktiver Arbeit und qualitativer Interaktion mit Mitarbeitern messen. Das Verhältnis zwischen qualitativer und quantitativer Führung wurde im Rahmen der Befragung von den Interviewten eingeschätzt. Diese Zahl könnte durch KI validiert werden und bspw. als KPI (Key-Performance-Indicator) zur Messung der Führungsqualität eingesetzt werden.

Hinsichtlich der Verteilung von qualitativer und quantitativer Führung im Arbeitsalltag ist eine interessante Verbindung mit dem Führungslevel zu erkennen. So ist das Verhältnis qualitativer Führung bei Führungskräften im Top-Management bei allen Befragten höher als im Mid-Management.[1] Der Grund könnte sein, dass Führungskräfte im Top-Management die Möglichkeit haben, quantitative Führungsaufgaben an das Mid-Management zu delegieren. Hier würde durch die Nutzung von KI in der Personalführung eine weitere Ebene eingeführt, an welche solche Aufgaben delegiert werden könnten, sodass das Verhältnis ausgeglichener wäre. Dies könnte die Rolle und die Wahrnehmung der Führungskraft beeinflussen und bspw. die Trennung zwischen Management und Führung (siehe Abschn. 3.1) klarer machen, was sich wiederum positiv auf die von Befragten gewünschte Wahrnehmung der Führungskraft als Coach anstatt als reiner Vorgesetzter auswirken könnte.

Das Hinzukommen einer neuen Ebene durch KI in der Personalführung erfordert insbesondere in der ersten Lernphase eine erhöhte Aufmerksamkeit durch

---

[1] Hierbei ist zu beachten, dass es sich aufgrund der kleinen Stichprobe und des Forschungsdesigns um eine subjektive und nicht quantitativ validierte Erkenntnis handelt.

die Führungskraft, um Fehler durch die KI zu erkennen und zu vermeiden. Daraus ergibt sich nicht nur in der ersten Phase ggf. ein erhöhter Workload durch das Onboarding der KI, sondern auch die Aufgabe der Kommunikation dieser Instanz innerhalb des Teams. Für eine effektive Nutzung der KI ist es notwendig, dass Teammitglieder die KI als eine Art Teammitglied akzeptieren, um Effizienz gewährleisten zu können. Hierbei muss die Führungskraft aktiv dafür sorgen, dass die Vorteile der KI wahrgenommen werden und keine Nachteile entstehen.

Hinsichtlich der bereits eingesetzten Technologien ist innerhalb der Interviews erkennbar, dass zwar bereits Systeme zur Automatisierung eingesetzt werden, keines davon jedoch auf Basis einer KI arbeitet. Allerdings konnten alle Befragten eine Vielzahl an möglichen Einsatzbereichen nennen. Hieraus lassen sich ein großes Einsatzpotenzial sowie die Bereitschaft zum Einsatz erkennen.

Zusammenfassend lässt sich aus vielen Aspekten ableiten, dass die Fähigkeit, übergreifende Analysen einer großen Anzahl an Daten aus vielfältigen Datenquellen zu automatisieren, als die am meisten genannte Chance gesehen wird. Sie stellt einen klaren Fähigkeitsvorteil von KI gegenüber MI dar und bildet die Grundlage für eine Vielzahl an Chancen und Risiken.

4.4 Chancen und Risiken von KI für die Aufgaben einer Führungskraft

In Abschn. 3.3 wurden die Aufgaben von Führungskräften dargestellt. Diese konnten im Rahmen der durchgeführten Interviews (Abschn. 4.3) verifiziert werden. Die bisher dargelegten Erkenntnisse geben Einblick in potenziellen Chancen und Risiken durch KI in der Führung. Im Folgenden wird dargestellt, welchen Einfluss KI auf diese Aufgaben haben kann.

Erreichung der Unternehmensziele
KI kann in großem Maße zur Erreichung der Unternehmensziele eingesetzt werden, sodass KI hier als Chance gesehen werden kann. Zum einen können Prozesse durch Automatisierung effizienter gestaltet werden, zum anderen komplette Aufgaben durch KI erledigt werden. So können Ressourcen gespart oder effizienter eingesetzt werden. KI kann Führungskräfte auch dabei unterstützen, datenbasierte Vorhersagen über die Erreichung von Zielen zu treffen und der Führungskraft frühzeitig Reaktionen vorschlagen. Auch hinsichtlich der Verteilung von Sanktionen und Belohnungen kann KI helfen, eine ausgeglichene Datenbasis zur Entscheidung heranzuziehen. Letztendlich besteht jedoch das Risiko, dass Entscheidungen zu

rational getroffen werden und qualitative Ziele von KI nicht korrekt eingeschätzt werden. Hier ist weiterhin die kritische Betrachtung durch MI vonnöten.

Definition von Zielen und Zielvereinbarungen
Eine große Chance durch KI besteht in diesem Bereich darin, Ziele auf Basis der vorhandenen Daten zu formulieren und diese auf ihre Machbarkeit zu prüfen. KI kann neben internen Daten auch trainiert werden, externe Quellen wie das Internet oder Social Media auszuwerten, um potenziell relevante Trends zu identifizieren, welche sich auf die Zielsetzung auswirken können. Hierbei besteht jedoch das Risiko, dass KI Entscheidungen lediglich auf Basis historischer Daten trifft. Es stellt sich also die Frage, inwiefern KI in der Lage ist, Zukunftsszenarien zu entwickeln.

Einhaltung von Unternehmensrichtlinien und Fairness
In der Überwachung und Aufbereitung von Daten besteht eine große Chance beim Einsatz von KI. KI kann Entscheidungen auf ihre Fairness prüfen und könnte Reaktionen von Mitarbeitern sammeln und analysieren. KI ist in der Lage, standardisierte Prozesse zu überwachen und auf Fehler oder Abweichungen hinzuweisen. Hierbei besteht jedoch die Gefahr, dass KI Abweichungen vom Prozess, welche jedoch zu einer Optimierung führen, nicht erkennt und Sanktionen anordnet. Auch ist KI ggf. nicht in der Lage, persönliche Hintergründe zu betrachten und auf individuelle Situationen einzugehen. Dies kann zu negativem Einfluss auf die Wahrnehmung der Führungskraft oder die Zufriedenheit der Mitarbeiter führen.

Schaffung eines störungsfreien Arbeitsumfeldes
Auch hier kann KI einen Beitrag leisten und als Chance identifiziert werden. So ist KI durch Datenanalyse in der Lage, Störungen frühzeitig zu erkennen oder vorherzusagen, damit diese durch die Führungskraft oder den Mitarbeiter selbst vermieden werden können. Auch könnte KI die Aufgabenplanung übernehmen, sodass Aufgaben zur jeweils richtigen Zeit und zur besten Tageszeit erledigt werden können. Ein Risiko besteht jedoch darin, dass Führungskräfte sich ausschließlich auf die Hinweise von KI verlassen. So könnten Störungen, welche die KI aufgrund mangelnder Sozialkompetenz oder fehlender Daten nicht bemerkt, auch von der Führungskraft unbemerkt bleiben.

Auch kann sich durch den Einsatz von KI die Distanz zur Führungskraft vergrößern, was wiederum Störungen im Arbeitsalltag verursachen kann. Ein großes Risiko liegt auch in der Autokratisierung durch KI. Wenn KI die Macht gegeben wird, Störungen selbständig zu beseitigen, kann dies zu weitreichenden Problemen führen. So könnte KI bspw. die Unterbrechung von Fokuszeiten durch Chatnachrichten als Störung erkennen und auf Basis dieser Erkenntnis das Chatprogramm vom

Computer des Mitarbeiters entfernen, was wiederum zu einer starken Reduktion der Produktivität führen und negative Auswirkungen auf die interne Kommunikation haben kann. Beides sind Aspekte, die ggf. von KI schwer identifiziert werden können.

Planung und Koordination von Ressourcen und Aufgaben
In diesem Aspekt sehen auch die Befragten im Rahmen der qualitativen Analyse eine der größten Chancen durch KI. KI hat hier das Potenzial, die Produktivität von Führungskräften deutlich zu steigern und Freiraum für andere Aufgaben wie qualitative Führung zu schaffen. Durch die Automatisierung von Ressourcenplanung und die Vorhersage von Projektdurchlaufzeiten sind Führungskräfte besser in der Lage, zukünftige Auslastungen zu planen, diese Prozesse zu automatisieren und Stresssituationen vorzubeugen. Auch kann KI datenbasierte Vorschläge zu nötigen Schulungen für Mitarbeiter geben, welche in der Zukunft für den Führungsbereich der Führungskraft relevant werden könnten. Eine Gefahr besteht jedoch darin, dass durch die automatisierte Verteilung von Aufgaben die Aufgabenvielfalt nachlässt und Mitarbeiter durch monotone Arbeit weniger motiviert sind (siehe Abschn. 3.3.2). Wichtig ist hierbei auch, dass insbesondere innerhalb der Lernphase eine MI als Kontrollinstanz dafür sorgt, dass KI die richtigen Entscheidungen trifft.

Qualitätsmanagement
Im Bereich der Qualitätssicherung können standardisierte Qualitätskriterien automatisiert durch KI bewertet werden. Auch kann die Einhaltung von Prozessen, wie bereits dargestellt, von KI automatisiert werden. KI kann auch hier dementsprechend als Chance gesehen werden. Ein Risiko besteht jedoch darin, dass KI nicht in der Lage ist, Abweichungen vom Prozess positiv zu bewerten, auch wenn sich diese auf das Ergebnis positiv auswirken. Ein ähnliches Risiko könnte in der Erkennung von übertroffener Qualität liegen. Es wäre vorstellbar, dass Ergebnisse, welche die Erwartungen übertreffen, von der KI als negativ bewertet werden, da sie von den üblichen Ergebnissen abweichen. Die KI würde somit die Steigerung der Qualität nicht erkennen.

Übermittlung von Unternehmenskultur und Marke
Diese Aufgabe ist nur schwer durch KI umzusetzen, da es sich meist um qualitative oder zwischenmenschliche Aspekte handelt. Der Fokus liegt hierbei im Vorbildcharakter, welchen eine Führungskraft einnimmt. KI könnte in diesem Zusammenhang jedoch dafür genutzt werden, um das Verhalten im Sinne der Marke bspw. in der Tonalität von elektronischer Kommunikation zu überwachen, um Führungskräften Einblick in die Wirkung ihrer Bemühungen zu geben.

Motivation und Inspiration von Mitarbeitern
Auch hier spielen menschliches Verhalten und Vorbildcharakter eine große Rolle, welche nur schwer mithilfe von KI abgebildet werden können (siehe Abschn. 4.1), sodass KI hier weniger als Chance bezeichnet werden kann. Ein möglicher Einsatzbereich wäre jedoch ebenso die Generierung von Einblicken in die Motivation der Mitarbeiter als Entscheidungsgrundlage für die Führungskraft. Hier stellt KI ein großes potenzielles Risiko dar. Ziel dieser Aufgabe ist vor allem das Wecken intrinsischer Motivation des Mitarbeiters. Dies kann durch die Reduktion von Kommunikation im Arbeitsalltag durch KI erschwert werden, da Mitarbeiter das Gefühl erhalten könnten, für eine Maschine statt für einen Menschen zu arbeiten, dem sie Sympathie entgegenbringen können.

Mitarbeiterentwicklung und Training
Hierin besteht eine große Chance durch KI, da KI durch Auswertung von Arbeitsergebnissen und persönlichen Vorlieben die Qualität und Passgenauigkeit von Weiterbildungen erhöhen könnte. Neben der Effizienzsteigerung durch das Wegfallen von Recherche kann sich dadurch auch die Zufriedenheit der Mitarbeiter erhöhen. Auch könnte KI in der Lage sein, Fähigkeiten bei Mitarbeitern zu erkennen, welche Führungskräften aufgrund mangelnder Detaileinsicht verborgen bleiben. Hier kann KI bei der Identifikation von Potenzialen eine große Hilfe darstellen. Die bereits beschriebene Gefahr der zu starken Spezialisierung ist jedoch auch hier wieder nicht zu vernachlässigen.

Mitarbeiterbindung
Für die Mitarbeiterbindung birgt die Verwendung von KI sowohl Chancen als auch Risiken. Eine große Chance kann in der automatisierten Erfassung und Auswertung der Mitarbeiterzufriedenheit liegen. KI könnte in der Lage sein, auf abnehmende Zufriedenheit hinzuweisen, damit Führungskräfte frühzeitig Gegenmaßnahmen treffen können. Auch ermöglicht KI die Analyse von Gründen für Kündigungen oder Krankheiten und darauf basierende Erkenntnisse über nötige Anpassungen. Auf der anderen Seite ist auch hier die sinkende Interaktion zwischen Führungskraft und Mitarbeiter eine große Gefahr, da KI Teile der Kommunikation übernimmt.

Interne Kommunikation
Dieser Bereich der Führung basiert auf zwischenmenschlicher Kommunikation und daher auf MI. KI kann hier erneut lediglich zur Vereinfachung von Entscheidungen genutzt werden oder zur Analyse und Visualisierung von Daten wie bspw. Berichte über die Leistung von Teams oder Mitarbeitern. Ein weiterer Einsatzbereich von KI in der internen Kommunikation zwischen Führungskraft und Mitarbeiter ist

die Unterstützung beim Verfassen von elektronischen Nachrichten. Hier kann KI die Formulierung sowie Vorrecherche übernehmen und die Führungskraft entlasten (siehe Abschn. 4.2).

Unternehmens- und Geschäftsfeldentwicklung
Die hier entstehenden Chancen und Risiken sind redundant mit den unter *Definition von Zielen und Zielvereinbarungen* angeführten Aspekten.

Selbstführung und Wissensaufbau
Im Rahmen der Selbstführung kann KI eine Vielzahl an Aufgaben automatisieren und bei der Planung von Aufgaben helfen. Eine Chance besteht darin, dass KI neues Wissen recherchieren, vorstrukturieren und bei Bedarf zusammenfassen kann (siehe Abschn. 4.2). Auf diese Weise kann der Wissensaufbau oder die Analyse von Marktentwicklungen durch die Führungskraft selbst deutlich effizienter gestaltet werden. Auch die beschriebene Automatisierung der Tagesstruktur anhand des Biorhythmus stellt eine Chance für diesen Aufgabenbereich dar.

Anhand der dargestellten Chancen und Risiken in Bezug auf die Aufgaben einer Führungskraft werden die Vielfältigkeit des Führungsalltags und die damit verbundene potenzielle Veränderung durch KI in der Personalführung deutlich. Es wird deutlich, dass KI das Potenzial hat, den Schwerpunkt der Aufgaben einer Führungskraft zu verschieben und so den Führungsalltag stark zu beeinflussen.

Fazit, Handlungsempfehlungen und Ausblick

5

5.1 Fazit

Das vorliegende Buch hat das Ziel, Chancen und Risiken für die Personalführung durch KI zu identifizieren und mögliche Szenarien zur Anwendung von KI in der Personalführung darzustellen. Zu diesem Zweck wurde der aktuelle Stand der Forschung in den Bereichen Führungstheorie und KI dargestellt und auf erste Erfolgsfaktoren sowie Anwendungsfelder und gegenseitige Einflüsse untersucht. Zur Generierung von Ideen zum Einsatz von KI in der Führung sowie zur Identifikation von Chancen und Risiken wurden Führungskräfte im Rahmen von explorativen Interviews befragt und die Ergebnisse interpretiert. Orientiert an den definierten Aufgaben einer Führungskraft konnten die gesammelten Erkenntnisse sowie Chancen und Risiken schlussendlich auf die tatsächlichen Aufgaben einer Führungskraft angewendet werden. Auf diese Weise konnte eine vielfältige Auswahl an potenziellen Einsatzbereichen sowie Chancen und Risiken identifiziert werden.

Durch den explorativen Charakter des Themas bilden die Erkenntnisse die Basis für konkrete Strategien und Handlungsempfehlungen beim Einsatz von KI in der Personalführung.

Schlussendlich lässt sich sagen, dass KI in der Personalführung die Aufgaben von Führungskräften disruptiv verändern kann. Durch wesentliche Steigerung der Effizienz können Freiräume geschaffen werden, welche Führungskräfte benötigen, um auf zukünftige technologische Entwicklungen und andere Herausforderungen reagieren zu können. Vor allem aber, um den steigenden Erwartungen von Mitarbeitern gerecht zu werden und diese auf die mit den Technologieentwicklungen verbundenen Veränderungen vorzubereiten. In diesem Zusammenhang spielen die Themen Change Management sowie Change Communication eine

M. H. Dahm und V. Zehnder, *Moderne Personalführung mit Künstlicher Intelligenz,* essentials, https://doi.org/10.1007/978-3-658-43138-9_5

wesentliche Rolle. Veränderungen in der Personalführung und die Einführung von KI als zusätzliche Instanz in der Personalführung erfordern hohen Einsatz bei der Kommunikation. Mitarbeitern müssen die Vorteile und die Notwendigkeit des Einsatzes von KI verdeutlicht werden. Die erfolgreiche Nutzung von KI in der Personalführung hängt maßgeblich mit der Akzeptanz der Mitarbeiter zusammen. Denn wenn Mitarbeitern die Vorteile, welche KI mit sich bringt, nicht klar sind, dann besteht die nicht unbegründete Angst vor der „Wegrationalisierung" von Arbeitsplätzen.

Hierbei müssen alle im Rahmen dieses Buches dargestellten Risiken beachtet werden. Die Einführung von KI kann wesentliche Veränderungen in der Beziehung zwischen Führungskraft und Mitarbeiter verursachen. Hier müssen Führungskräfte viel Energie aufwenden, damit dies nicht zu einer sinkenden Mitarbeiterzufriedenheit oder sinkenden Loyalität führt. Andernfalls können die großen Chancen von KI in der Personalführung nicht effektiv eingesetzt werden und KI entwickelt sich von einem leistungsstarken Tool zur Verbesserung des Arbeitslebens zwar nicht zu einem Kreuz im Buzzword-Bingo, jedoch zu einer realen Gefahr für die Arbeit von Wissensarbeitskräften.

Verläuft diese Veränderung in Unternehmen aber positiv und schaffen es Führungskräfte und Unternehmen, KI in der Personalführung effektiv einzusetzen, so könnten weitreichende Veränderungen in unserer Arbeitsweise die Folge sein. So müssen sich Führungskräfte spätestens dann die Frage stellen, ob bspw. die bisher übliche Wochenarbeitszeit noch das richtige Modell darstellt bzw. welche Chancen die Reduktion der nötigen Wochenarbeitszeit bei gleichbleibender Produktivität bietet.

Die möglichen Entwicklungen bewegen sich zwischen Dystopie und Utopie. Sie werden innerhalb der nächsten Jahrzehnte zu „filmreifen" Ereignissen führen. Führungskräfte und Mitarbeiter haben bereits jetzt die Chance, einen Teil dazu beizutragen, dass es zu einem „Happy End" kommt.

5.2   Handlungsempfehlungen

Definieren Sie klare Ziele und Aufgaben

Bevor Sie KI in der Personalführung einsetzen, ist es wichtig, klare Ziele und Aufgaben zu definieren. Überlegen Sie genau, welche Führungsaufgaben von KI unterstützt oder automatisiert werden sollen und stellen Sie sicher, dass diese Ziele mit den übergeordneten Unternehmenszielen und der Unternehmenskultur übereinstimmen.

- **Identifizieren Sie die konkreten Bereiche und Führungsaufgaben:**
  Analysieren Sie Ihre Personalführungsaufgaben und identifizieren Sie die Bereiche, in denen der Einsatz von KI einen Mehrwert bieten kann. Beispiele könnten die Talentgewinnung, Mitarbeiterentwicklung, Leistungsbeurteilung, Personalplanung oder Karriereentwicklung sein. Überlegen Sie, wo KI-Technologien Ihre Führungsaufgaben unterstützen können und welche spezifischen Herausforderungen sie lösen können.
  Beispiel: Eine Personalabteilung erkennt, dass die Talentgewinnung ein kritischer Bereich ist, in dem KI eingesetzt werden kann. Sie identifiziert den Bedarf an automatisierten Screening-Tools, um Bewerbungen effizient zu analysieren und Kandidaten mit den erforderlichen Qualifikationen zu identifizieren.
- **Setzen Sie klare und messbare Ziele für den KI-Einsatz:**
  Definieren Sie konkrete Ziele, die Sie durch den Einsatz von KI in der Personalführung erreichen möchten. Diese Ziele sollten klar formuliert und messbar sein, um den Fortschritt und den Erfolg Ihrer KI-Initiativen zu überwachen. Beispiele für Ziele könnten sein: die Verbesserung der Effizienz von Personalprozessen um X Prozent, die Reduzierung von Bias in der Bewerberauswahl um Y Prozent oder die Steigerung der Personalisierung in der Mitarbeiterentwicklung durch die Bereitstellung maßgeschneiderter Schulungsprogramme.
  Beispiel: Eine Führungskraft setzt sich das Ziel, durch den Einsatz von KI in der Leistungsbeurteilung die Bewertungsgenauigkeit um 20 % zu verbessern und eine fairere Beurteilung zu gewährleisten.
- **Entwickeln Sie eine Roadmap zur Umsetzung der Ziele:**
  Erarbeiten Sie eine detaillierte Roadmap, um die definierten Ziele zu erreichen. Identifizieren Sie die erforderlichen Ressourcen, Technologien und Maßnahmen, die zur Umsetzung der KI-Anwendungen in der Personalführung erforderlich sind. Planen Sie die Implementierung in Phasen und setzen Sie Meilensteine, um den Fortschritt zu verfolgen.
  Beispiel: Ein Unternehmen erstellt eine Roadmap zur Einführung eines KI-gestützten Mitarbeiterentwicklungsprogramms. Die Roadmap umfasst die Auswahl und Implementierung einer geeigneten KI-Plattform, die Schulung der Führungskräfte im Umgang mit der Technologie und die schrittweise Integration des Systems in die bestehenden Mitarbeiterentwicklungsprozesse.

Die klare Definition von Zielen und Aufgaben legt den Grundstein für den erfolgreichen Einsatz von KI in der Personalführung. Durch die Identifizierung der relevanten Bereiche, die Festlegung messbarer Ziele und die Entwicklung einer detaillierten Roadmap können Sie sicherstellen, dass der KI-Einsatz gezielt und effektiv erfolgt, um den gewünschten Mehrwert zu erzielen.

Implementieren Sie eine ethische KI-Richtlinie
Legen Sie klare ethische Grundsätze für den Einsatz von KI in der Personalführung fest. Stellen Sie sicher, dass KI-Systeme die Werte und Normen des Unternehmens widerspiegeln und potenzielle Vorurteile oder Diskriminierung vermeiden.

- **Stellen Sie sicher, dass Ihre KI-Systeme ethisch entwickelt, implementiert und überwacht werden:**
  Gewährleisten Sie, dass Ihre KI-Systeme ethischen Prinzipien folgen, indem Sie sicherstellen, dass sie fair, transparent, verantwortungsvoll und nicht diskriminierend sind. Überprüfen Sie die Daten, die für das Training der KI-Modelle verwendet werden, um sicherzustellen, dass sie frei von Bias und Vorurteilen sind. Implementieren Sie Maßnahmen, um die Privatsphäre der Mitarbeiter zu schützen, wie z. B. die Anonymisierung von Daten oder die Einhaltung strenger Datenschutzrichtlinien. Überwachen und evaluieren Sie regelmäßig die Leistung Ihrer KI-Systeme, um sicherzustellen, dass sie den ethischen Standards entsprechen und kontinuierlich verbessert werden.
  Beispiel: Ein Unternehmen, das ein KI-gestütztes System zur Leistungsbeurteilung einsetzt, stellt sicher, dass das System ethischen Standards entspricht. Es überprüft die verwendeten Leistungskriterien, um sicherzustellen, dass sie fair und objektiv sind. Das Unternehmen implementiert auch Maßnahmen zum Schutz der Privatsphäre der Mitarbeiter, indem es sicherstellt, dass die Leistungsdaten vertraulich behandelt und nur von autorisierten Personen eingesehen werden können. Es führt regelmäßige Überprüfungen und Audits durch, um sicherzustellen, dass das System keine diskriminierenden Entscheidungen trifft und den ethischen Richtlinien des Unternehmens entspricht.
- **Erstellen Sie eine Richtlinie, die die ethischen Aspekte des KI-Einsatzes in der Personalführung abdeckt.**
  Diese Richtlinie sollte verschiedene Aspekte berücksichtigen, wie z. B. die Vermeidung von Diskriminierung bei der Nutzung von KI-Algorithmen, den Schutz der Privatsphäre der Mitarbeiter bei der Verarbeitung ihrer Daten und die Transparenz der Entscheidungsprozesse, die von KI getroffen werden. Formulieren Sie klare Regeln und Standards, um sicherzustellen, dass der Einsatz von KI im Einklang mit ethischen Prinzipien erfolgt.
  Beispiel: Ein Unternehmen entwickelt eine ethische KI-Richtlinie für den Einsatz von KI in der Personalbeschaffung. Diese Richtlinie enthält Bestimmungen, die sicherstellen, dass KI-Algorithmen aufgrund geschützter Merkmale wie Geschlecht oder ethnischer Zugehörigkeit keine Diskriminierung vornehmen. Es wird auch festgelegt, dass die Privatsphäre der Bewerber geschützt wird und deren persönliche Daten vertraulich behandelt werden. Darüber hinaus wird

festgelegt, dass die Entscheidungen, die von KI-Systemen getroffen werden, transparent gemacht werden, um nachvollziehbar zu sein.

Durch die Implementierung einer ethischen KI-Richtlinie stellen Sie sicher, dass der Einsatz von KI in der Personalführung ethisch verantwortlich erfolgt und die Interessen und Rechte der Mitarbeiter gewahrt bleiben.

Investieren Sie in die Kompetenzentwicklung

- **Schulen Sie Ihre Führungskräfte und Mitarbeiter im Umgang mit KI**
  Organisieren Sie Schulungen und Fortbildungen, um Ihren Führungskräften und Mitarbeitern das nötige Wissen über KI-Technologien zu vermitteln und sie in deren Anwendung zu schulen. Diese Schulungen sollten sowohl grundlegende Konzepte und Prinzipien der KI abdecken als auch praktische Anwendungsfälle in der Personalführung behandeln. Stellen Sie sicher, dass die Schulungen auf die Bedürfnisse und das Wissensniveau der Teilnehmer zugeschnitten sind.
  Beispiel: Ein Unternehmen bietet Schulungen zur KI-Kompetenzentwicklung für seine Führungskräfte an. Diese Schulungen umfassen Themen wie die Grundlagen der KI, verschiedene Arten von KI-Technologien, ihre Anwendungsmöglichkeiten in der Personalführung sowie die Potenziale und Grenzen von KI. Die Schulungen beinhalten auch praktische Übungen, um den Teilnehmern den Umgang mit KI-Systemen und -Tools zu vermitteln.
- **Fördern Sie ein Bewusstsein für Potenziale und Grenzen von KI**
  Sensibilisieren Sie Ihre Führungskräfte und Mitarbeiter für die Potenziale und Grenzen von KI in der Personalführung. Erklären Sie, welche Aufgaben KI effektiv unterstützen kann und wo menschliche Entscheidungen und Fähigkeiten weiterhin unerlässlich sind. Vermitteln Sie ein realistisches Verständnis für KI, um Ängste und Vorurteile abzubauen und eine positive Einstellung gegenüber dem Einsatz von KI zu fördern.
  Beispiel: Ein Unternehmen führt interne Workshops durch, um ein Bewusstsein für die Potenziale und Grenzen von KI zu schaffen. Diese Workshops beinhalten Diskussionen über reale Anwendungsbeispiele, in denen KI erfolgreich eingesetzt wurde, sowie Fallstudien, in denen die Grenzen von KI deutlich wurden. Das Unternehmen stellt sicher, dass die Workshops einen ausgewogenen Ansatz haben, der sowohl die Vorteile als auch die Herausforderungen von KI anspricht.

Durch Investitionen in die Kompetenzentwicklung können Sie sicherstellen, dass Ihre Führungskräfte und Mitarbeiter das nötige Wissen und Verständnis für den Einsatz von KI in der Personalführung haben. Dadurch können sie KI effektiv nutzen, Chancen erkennen und mögliche Risiken proaktiv angehen.

Schaffen Sie eine offene Kommunikationskultur

- **Kommunizieren Sie klar und transparent**
  Stellen Sie sicher, dass Sie offen und transparent über den Einsatz von KI in der Personalführung kommunizieren. Informieren Sie Ihre Mitarbeiter über die Ziele, den Zweck und die Vorteile des KI-Einsatzes. Erläutern Sie, welche Prozesse oder Aufgaben durch KI unterstützt werden und wie dies den Mitarbeitern zugutekommt. Klären Sie auch mögliche Auswirkungen auf bestehende Arbeitsabläufe oder Rollen, um Verständnis und Akzeptanz zu fördern.
  Beispiel: Ein Unternehmen implementiert ein KI-gestütztes Tool zur Mitarbeiterfeedback-Analyse. Die Führungskräfte des Unternehmens kommunizieren offen über die Einführung des Tools und betonen die Vorteile, wie eine schnellere und umfassendere Analyse des Feedbacks, um gezielte Entwicklungsmöglichkeiten für die Mitarbeiter zu identifizieren. Sie erklären auch, dass das Tool lediglich als unterstützendes Instrument dient und menschliche Entscheidungen und Diskussionen weiterhin von zentraler Bedeutung sind.
- **Schaffen Sie einen offenen Dialog und Raum für Fragen**
  Ermutigen Sie Ihre Mitarbeiter, Fragen zu stellen und ihre Bedenken oder Vorbehalte bezüglich des KI-Einsatzes in der Personalführung auszudrücken. Organisieren Sie Informationsveranstaltungen, Workshops oder Q&A-Sessions, um ein Verständnis für den Nutzen und die Grenzen von KI zu fördern. Stellen Sie sicher, dass es einen Raum für offene Diskussionen gibt, in dem Ängste und Bedenken abgebaut werden können.
  Beispiel: Ein Unternehmen richtet regelmäßige „KI-Fragestunden" ein, in denen Mitarbeiter ihre Fragen und Bedenken bezüglich des KI-Einsatzes stellen können. Diese Fragestunden werden von Experten geleitet, die die Funktionsweise von KI-Technologien erklären und offene Diskussionen fördern. Das Unternehmen schafft auch ein Feedback-Mechanismus, um kontinuierlich Rückmeldungen der Mitarbeiter zu erhalten und auf ihre Anliegen einzugehen.

Durch eine offene Kommunikationskultur schaffen Sie Vertrauen und Transparenz im Umgang mit KI in der Personalführung. Mitarbeiter fühlen sich gehört und haben die Möglichkeit, sich aktiv einzubringen. Dies trägt dazu bei, Ängste abzubauen und eine positive Einstellung zum Einsatz von KI zu fördern.

Nutzen Sie KI als Unterstützungsinstrument

- **Betrachten Sie KI als Unterstützungstool**
  Sehen Sie KI nicht als Ersatz für Führungskräfte, sondern als Instrument, das Sie bei Ihrer Arbeit entlastet und Ihnen bessere Entscheidungen ermöglicht. KI kann beispielsweise bei der Analyse großer Datenmengen helfen, Trends und Muster erkennen und damit die Entscheidungsfindung unterstützen. Es ist wichtig, dass Führungskräfte die Potenziale von KI erkennen und diese als Hilfsmittel zur Verbesserung ihrer Arbeit nutzen.
  Beispiel: Eine Führungskraft nutzt ein KI-gestütztes Tool zur (bereits erwähnten) Talentgewinnung und -auswahl. Das Tool analysiert automatisch Lebensläufe und Bewerbungsschreiben, um qualifizierte Kandidaten zu identifizieren. Die Führungskraft betrachtet die Ergebnisse als unterstützende Informationen und kombiniert sie mit ihrer eigenen Expertise und Erfahrung, um fundierte Entscheidungen bei der Einstellung zu treffen.

- **Kombinieren Sie KI-Ergebnisse mit menschlicher Expertise und Intuition**
  Dies ist wichtig, um fundierte und ausgewogene Entscheidungen zu treffen. Führungskräfte sollten die Ergebnisse von KI kritisch hinterfragen und ggf. weitere Informationen oder Kontext hinzufügen, um die Qualität der Entscheidungen zu verbessern. Menschliche Fähigkeiten wie Empathie, emotionale Intelligenz und strategisches Denken sind nach wie vor entscheidend für eine erfolgreiche Personalführung.
  Beispiel: Eine Führungskraft verwendet ein KI-gestütztes Tool zur Leistungsbeurteilung. Das Tool analysiert Leistungsdaten der Mitarbeiter und generiert automatisch Bewertungen. Die Führungskraft betrachtet die Ergebnisse als Ausgangspunkt für ihre Bewertung, berücksichtigt jedoch auch persönliche Beobachtungen, Feedback von Kollegen und individuelle Kontextfaktoren, um eine umfassende Leistungsbeurteilung abzugeben.

Indem Sie KI als Unterstützungsinstrument betrachten, können Sie sicherstellen, dass KI in der Personalführung optimal genutzt wird. Dadurch werden bessere Entscheidungen getroffen, die sowohl auf objektiven Daten als auch auf menschlichem Ermessen basieren.

Testen und evaluieren Sie regelmäßig

- **Führen Sie regelmäßige Tests durch**
  Implementieren Sie Testverfahren, um die Leistung, Genauigkeit und Effektivität der eingesetzten KI-Systeme zu überprüfen. Dies beinhaltet beispielsweise

das Testen von Algorithmen, die Überprüfung der Datenqualität und die Durchführung von Simulationen, um die Ergebnisse der KI-Anwendungen zu validieren.

Beispiel: Ein Unternehmen nutzt ein KI-gestütztes Tool zur Mitarbeiterentwicklung. Es führt regelmäßige Tests durch, bei denen verschiedene Szenarien simuliert werden, um die Wirksamkeit des Tools bei der Identifizierung von Entwicklungspotenzialen zu überprüfen. Es werden auch Vergleichstests durchgeführt, bei denen die Ergebnisse des KI-Tools mit den Beurteilungen erfahrener Führungskräfte verglichen werden.

- **Analysieren Sie die Ergebnisse**
Nehmen Sie sich die Zeit, die Testergebnisse sorgfältig zu analysieren. Überprüfen Sie, ob die KI-Systeme die gewünschten Ergebnisse liefern und die gesteckten Ziele erreichen. Identifizieren Sie mögliche Schwachstellen, Fehler oder Verbesserungspotenziale und dokumentieren Sie diese.
Beispiel: Nach den Tests stellt ein Unternehmen fest, dass das KI-gestützte Tool zur Leistungsbeurteilung bei bestimmten Mitarbeitergruppen einen systematischen Bias aufweist. Die Führungskräfte analysieren die Ergebnisse, identifizieren das Problem und nehmen entsprechende Anpassungen vor, um sicherzustellen, dass die Bewertungen fair und objektiv sind.

- **Nehmen Sie Anpassungen vor**
Basierend auf den Testergebnissen und der Analyse sollten ggf. Anpassungen an den KI-Anwendungen vorgenommen werden. Das kann die Verbesserung von Algorithmen, die Überarbeitung von Trainingsdaten oder die Anpassung von Parametern umfassen. Stellen Sie sicher, dass die KI-Systeme kontinuierlich optimiert werden, um den gewünschten Mehrwert zu erreichen.
Beispiel: Ein Unternehmen erkennt durch regelmäßige Evaluierungen, dass das KI-gestützte Tool zur Personalbeschaffung aufgrund einer Verzerrung in den Trainingsdaten nicht die gewünschte Vielfalt an Bewerbern fördert. Das Unternehmen passt die Trainingsdaten an und verbessert den Algorithmus, um eine ausgewogenere und vielfältigere Bewerberauswahl zu ermöglichen.

Durch regelmäßige Tests und Evaluierungen stellen Sie sicher, dass die eingesetzten KI-Systeme den gewünschten Mehrwert in der Personalführung bringen. Sie ermöglichen es Ihnen, mögliche Probleme zu identifizieren und kontinuierliche Verbesserungen vorzunehmen, um die Effektivität und Genauigkeit der KI-Anwendungen zu steigern.

Seien Sie sich der Risiken bewusst

- **Identifizieren Sie potenzielle Risiken**
  Analysieren Sie sorgfältig die möglichen Risiken und Herausforderungen, die mit dem Einsatz von KI in der Personalführung einhergehen können. Dazu gehören beispielsweise Datenschutzverletzungen, der Einfluss von Bias auf Entscheidungen, der Verlust des zwischenmenschlichen Kontakts oder auch die Abhängigkeit von technischen Systemen.
  Beispiel: Bei der Einführung eines KI-gestützten Tools zur automatisierten Mitarbeiterbeurteilung besteht das Risiko, dass bestimmte Merkmale oder Eigenschaften von Mitarbeitern aufgrund von Bias in den Trainingsdaten nicht angemessen berücksichtigt werden. Dies könnte zu einer unfaireren oder ungenauen Bewertung führen.
- **Ergreifen Sie geeignete Maßnahmen**
  Um diese Risiken zu minimieren, sollten geeignete Maßnahmen ergriffen werden. Dazu gehören unter anderem:

  a. Datenschutzrichtlinien: Implementieren Sie klare Richtlinien und Verfahren zum Schutz der Privatsphäre der Mitarbeiter. Stellen Sie sicher, dass die erhobenen Daten angemessen geschützt und nur für legitime Zwecke verwendet werden.
  b. Regelmäßige Audits: Führen Sie regelmäßige Überprüfungen und Audits der KI-Systeme durch, um sicherzustellen, dass sie den geltenden Standards und Richtlinien entsprechen. Dies beinhaltet die Überprüfung von Algorithmen, Datenquellen, Datenverarbeitungsprozessen und Entscheidungslogiken.
  c. Überwachung von Entscheidungen: Implementieren Sie Mechanismen zur Überwachung und Kontrolle von Entscheidungen, die von KI-Systemen getroffen werden. Es ist wichtig sicherzustellen, dass diese Entscheidungen transparent, nachvollziehbar und fair sind.

Beispiel: Ein Unternehmen verwendet ein KI-gestütztes Tool zur Vorhersage von Mitarbeiterkündigungen. Um die Risiken von Bias zu minimieren, werden regelmäßig Audits durchgeführt, um sicherzustellen, dass das Tool fair und objektiv arbeitet. Zudem werden die Entscheidungen des Tools kontinuierlich überwacht und ggf. manuell überprüft, um sicherzustellen, dass sie den Unternehmensrichtlinien entsprechen.

Durch das Bewusstsein für potenzielle Risiken und die Ergreifung geeigneter Maßnahmen können Sie den Einsatz von KI in der Personalführung besser steuern und die Risiken minimieren. Es ist wichtig, die volle Verantwortung für den Einsatz von KI zu übernehmen („responsible AI) und ständig zu prüfen, ob der Einsatz im Einklang mit ethischen Grundsätzen und geltenden Vorschriften stattfindet.

Betrachten Sie KI als Teil einer ganzheitlichen Führungskultur

- **Integrieren Sie den Einsatz von KI in Ihre Führungsstrategie**
  Betrachten Sie KI als einen integralen Bestandteil Ihrer gesamten Führungsstrategie. Identifizieren Sie die Bereiche und Führungsaufgaben, in denen KI einen Mehrwert bieten kann, und entwickeln Sie konkrete Einsatzszenarien. Verknüpfen Sie den KI-Einsatz mit den übergeordneten Unternehmenszielen und stellen Sie sicher, dass er in die bestehende Führungsstruktur und -kultur eingebettet ist.
  Beispiel: Ein Unternehmen integriert den Einsatz von KI in seine Talentgewinnungsstrategie. Es setzt automatisierte Tools ein, um Bewerbungen zu analysieren und Kandidatenprofile zu erstellen. Die Nutzung von KI wird als Teil des Gesamtprozesses betrachtet, der darauf abzielt, die besten Talente für das Unternehmen zu gewinnen und einzustellen.
- **Betonen Sie den menschlichen Faktor**
  Stellen Sie sicher, dass Ihre Führungskräfte und Mitarbeiter die Bedeutung des menschlichen Faktors in der Personalführung erkennen. Kommunizieren Sie, dass KI als Werkzeug zur Unterstützung dient, aber nicht den menschlichen Einfluss und die zwischenmenschliche Interaktion ersetzt. Legen Sie Wert auf menschliche Qualitäten wie Empathie, emotionale Intelligenz und persönliche Beziehungen.
  Beispiel: In Schulungen und Workshops betont ein Unternehmen, dass der Einsatz von KI-Tools zur Mitarbeiterentwicklung als Unterstützung für Führungskräfte dienen soll. Die Führungskräfte werden darin geschult, die KI-Ergebnisse mit ihrer eigenen Expertise und Intuition zu kombinieren, um fundierte Entscheidungen zu treffen und individuelle Entwicklungspfade für ihre Mitarbeiter zu gestalten.
- **Fördern Sie eine Kultur des Vertrauens und der Empathie**
  Schaffen Sie eine Unternehmenskultur, die auf Vertrauen, Empathie und zwischenmenschlicher Interaktion basiert. Führen Sie offene Kommunikation, fördern Sie den Dialog und schaffen Sie Raum für Fragen, Bedenken und Diskussionen rund um den Einsatz von KI. Betonen Sie die Vorteile von KI, wie z. B. Effizienzsteigerung oder Personalisierung, und gehen Sie auf mögliche Bedenken ein.

Beispiel: Ein Unternehmen führt regelmäßige Teammeetings durch, in denen der Einsatz von KI in der Personalführung thematisiert wird. Die Führungskräfte betonen dabei die Vorteile, aber auch die Grenzen von KI. Es wird Raum für Fragen und Diskussionen geschaffen, um mögliche Ängste oder Vorurteile gegenüber KI abzubauen und ein gemeinsames Verständnis für den Einsatz von KI in der Führung zu entwickeln.

Durch die Integration von KI in eine ganzheitliche Führungskultur wird sichergestellt, dass der Einsatz von KI in der Personalführung im Einklang mit den Unternehmenszielen und den menschlichen Qualitäten steht. Es wird betont, dass KI als Unterstützungsinstrument dient und menschliche Fähigkeiten und Werte weiterhin von zentraler Bedeutung sind. Dies fördert Vertrauen, Empathie und eine positive Einstellung gegenüber KI in der Führung.

Bleiben Sie auf dem neuesten Stand der Technologie

- **Verfolgen Sie die aktuellen Entwicklungen im Bereich der KI**
  Halten Sie sich über neue Trends, Anwendungen und Forschungsergebnisse in der KI auf dem Laufenden. Lesen Sie Fachliteratur, abonnieren Sie relevante Newsletter und folgen Sie Experten und Organisationen (wie z. B. dem Artificial Intelligence Center Hamburg ARIC, ARIC-Hamburg.de) in den sozialen Medien. Dadurch bleiben Sie informiert über die neuesten Fortschritte und Möglichkeiten der KI in der Personalführung.
  Beispiel: Eine Führungskraft im HR-Bereich nimmt regelmäßig an Konferenzen und Veranstaltungen teil, die sich mit KI in der Personalführung befassen. Sie nutzt auch Online-Ressourcen wie Blogs und Webinare, um sich über neue Technologien und deren Anwendung in der Personalführung zu informieren.

- **Halten Sie regelmäßig Kontakt zu Experten und anderen Unternehmen**
  Tauschen Sie sich mit Experten, Wissenschaftlern (z. B. des KIT in Karlsruhe, der Technischen Universität München TUM oder der Universität Wittenberg-Halle) und Praktikern aus, die sich intensiv mit KI in der Personalführung beschäftigen. Nehmen Sie an Netzwerkveranstaltungen teil, knüpfen Sie Kontakte zu anderen Unternehmen und tauschen Sie Erfahrungen, Herausforderungen und Best Practices aus. Dadurch können Sie von den Erkenntnissen anderer lernen und Ihren eigenen KI-Einsatz verbessern.
  Beispiel: Eine Personalabteilung organisiert regelmäßige Treffen mit Experten aus dem Bereich der KI, um aktuelle Trends und Entwicklungen zu diskutieren. Sie nimmt auch an Branchenkonferenzen teil, auf denen sie sich mit

anderen Unternehmen austauschen kann, die bereits erfolgreich KI in der Personalführung einsetzen.

- **Evaluieren Sie regelmäßig Ihren eigenen KI-Einsatz**
  Nehmen Sie sich Zeit, um regelmäßig den Einsatz von KI in Ihrer Personalführung zu evaluieren. Überprüfen Sie, ob die eingesetzten KI-Systeme die gewünschten Ergebnisse liefern und ob sie den aktuellen Anforderungen und Bedürfnissen Ihrer Organisation gerecht werden. Identifizieren Sie mögliche Verbesserungspotenziale und nehmen Sie ggf. Anpassungen vor, um Ihren KI-Einsatz kontinuierlich zu optimieren.

  Beispiel: Ein Unternehmen führt regelmäßige interne Audits durch, um die Leistung und Effektivität seiner KI-Systeme in der Personalführung zu überprüfen. Dabei werden die KI-Modelle, Datenquellen und Entscheidungsprozesse analysiert, um mögliche Schwachstellen zu identifizieren und Verbesserungen vorzunehmen.

Durch das aktive Verfolgen der technologischen Entwicklungen und den Austausch mit Experten und anderen Unternehmen bleiben Sie stets auf dem neuesten Stand der KI in der Personalführung. Dies ermöglicht Ihnen, Ihre KI-Strategie und -Anwendungen kontinuierlich zu verbessern und von den Erfahrungen anderer zu lernen.

Indem Sie diese Handlungsempfehlungen befolgen, können Sie sicherstellen, dass der Einsatz von KI in der Personalführung effektiv, ethisch verantwortlich und erfolgreich ist.

5.3   Ausblick

Die Integration von KI in die Personalführung ist ein Thema von stetig wachsender Bedeutung und wird auch in Zukunft weiterhin im Fokus stehen. Die rasante Entwicklung von KI-Technologien eröffnet neue Chancen, birgt jedoch auch weiterhin Risiken und Herausforderungen.

Der Einsatz von KI in der Personalführung bietet eine Vielzahl von Möglichkeiten. Die Automatisierung von Routineaufgaben kann Führungskräfte entlasten und ihnen mehr Zeit für strategische Entscheidungen und die individuelle Betreuung der Mitarbeiter ermöglichen. KI-gestützte Tools und Algorithmen können dazu beitragen, objektivere und datenbasierte Entscheidungen zu treffen und die Effizienz in verschiedenen Bereichen wie Talentgewinnung, Mitarbeiterentwicklung und Leistungsbeurteilung zu steigern. Darüber hinaus können KI-Systeme

Personalverantwortlichen dabei helfen, Trends und Muster in großen Datensätzen zu identifizieren und fundierte Personalentscheidungen zu treffen.

Allerdings gehen auch Risiken und Herausforderungen mit dem Einsatz von KI in der Personalführung einher. Datenschutz und der Umgang mit sensiblen Mitarbeiterdaten sind nach wie vor wichtige Anliegen. Es besteht das Risiko von Bias und Diskriminierung, wenn KI-Algorithmen aufgrund unvollständiger oder voreingenommener Daten unfaire Entscheidungen treffen. Zudem kann der verstärkte Einsatz von KI zu einem Mangel an zwischenmenschlicher Interaktion führen, was in der Personalführung eine wichtige Komponente ist.

Um diese Chancen zu nutzen und Risiken zu minimieren, ist es von entscheidender Bedeutung, dass Unternehmen und Führungskräfte sich kontinuierlich mit dem Thema auseinandersetzen und ihre KI-Initiativen verantwortungsvoll gestalten. Es bedarf einer engen Zusammenarbeit zwischen HR-Experten, Datenschutzbeauftragten, Ethikkommissionen und technischen Experten, um ethische Richtlinien zu entwickeln, den Einsatz von KI zu überwachen und sicherzustellen, dass Entscheidungen transparent und nachvollziehbar sind.

Zudem ist es wichtig, dass Führungskräfte und Mitarbeiter in die Entwicklung und Implementierung von KI-Systemen eingebunden werden. Schulungen und Fortbildungen müssen angeboten werden, um das nötige Wissen über KI-Technologien zu vermitteln und Ängste und Vorurteile abzubauen. Eine offene Kommunikationskultur, in der Bedenken und Fragen diskutiert werden können, ist ebenfalls entscheidend, um das Vertrauen in KI-Systeme zu stärken.

Der Ausblick auf KI in der Personalführung zeigt, dass es weiterhin ein dynamisches und sich entwickelndes Feld ist. Unternehmen und Führungskräfte, die die Chancen erkennen und gleichzeitig die Risiken angehen, werden in der Lage sein, das volle Potenzial von KI auszuschöpfen und ihre Personalführung effektiver und effizienter zu gestalten. Mit einer strategischen Herangehensweise und einem kontinuierlichen Lernprozess können Organisationen den Wandel erfolgreich bewältigen und einen positiven Einfluss auf die Arbeitswelt von morgen ausüben.

Was Sie aus diesem *essential* mitnehmen können

- Künstliche Intelligenz (KI) bietet enorme Chancen, aber auch einige Risiken für die Personalführung.
- Das Buch erklärt die Grundlagen der KI und ihre Anwendungsmöglichkeiten in der Führung.
- Es schafft ein Verständnis für aktuelle Führungsforschung und -theorien.
- Es untersucht die Wechselwirkungen zwischen KI und Führungsaufgaben.
- Konkrete Beispiele zeigen, wie KI bereits in der Personalführung eingesetzt wird.
- Qualitative Interviews mit Führungskräften bieten wertvolle Einblicke.
- Die Erkenntnisse werden auf Chancen und Risiken des KI-Einsatzes untersucht.
- Handlungsempfehlungen helfen bei der verantwortungsvollen Implementierung von KI.
- Ethik und Datenschutz spielen eine zentrale Rolle im Umgang mit KI.
- Die Zukunft der Personalführung erfordert eine ausgewogene Integration von KI und menschlicher Expertise.

M. H. Dahm und V. Zehnder, *Moderne Personalführung mit Künstlicher Intelligenz,* essentials, https://doi.org/10.1007/978-3-658-43138-9

Literatur

Bauling Consulting, Faktenkontor, IMWF (13. September 2021). Studie: Drei Viertel der Firmen in Deutschland suchen Hilfe bei der Digitalisierung, o. O.: o. V.

Baumgarten, R. (1977). *Führungsstile und Führungstechniken.* De Gruyter.

Berg, A., & Dehmel, S. (2020). Künstliche Intelligenz, Bitkom. https://www.bitkom.org/sites/default/files/2020-09/bitkom-charts-kunstliche-intelligenz-28-09-2020_final.pdf. (2020–09–28.) Zugegriffen: 8. März 2023.

Blake, R. R., & Mouton, J. S. (1964). The managerial grid. Gulf

Bostrom, N. (2017). *Superintelligence Paths, Dangers, Strategies* (8. Aufl.). Oxford University Press.

Clark, J. (2022). *Perrault, Ray (2022): The AI Index Report 2022 – Artificial Intelligence Index.* Stanford University.

Dahm, M. H., & Twesten, N. (2023). *Der Artificial Intelligence Act als neuer Maßstab für künstliche Intelligenz.* Wiesbaden: Springer Gabler.

Galeon, Dom (2016): SoftBank Is Investing in a Microchip to Make the Singularity a Reality, Futurism, <https://futurism.com/softbank-is-investing-in-a-microchip-to-make-the-singularity-a-reality> (2016–10–31) [Zugriff am 2023–02–11]

Hack, Ulrike (2021): What's the real story behind the explosive growth of data?, Redgate, <https://www.red-gate.com/blog/database-development/whats-the-real-story-behind-the-explosive-growth-of-data> (2021–09–08) [Zugriff am 2023–03–05]

Hildesheim, W. (2019). *Michelsen, Dirk (2019): Künstliche Intelligenz im Jahr 2018 – Aktueller Stand von branchenübergreifenden KI-Lösungen: Was ist möglich? Was nicht? Beispiele und Empfehlungen, Berlin.* Heidelberg: Springer, Berlin Heidelberg.

Katz, Robert L. (1956): Skills of an Effective Administrator, in: Harvard Business Review, 34, 1956, Nr. 2, S. 33–42

Kreutzer, R. T. (2019). *Sirrenberg, Marie (2019): Künstliche Intelligenz verstehen : Grundlagen, Use-Cases, unternehmenseigene KI-Journey* (1. Aufl.). Wiesbaden: Springer Gabler.

Lang, R. (2021). *(2021): Neocharismatische Führungstheorien: Zurück zu den Wurzeln?* Wiesbaden: Springer Fachmedien Wiesbaden.

Northouse, Peter Guy (2019): Leadership: Theory & practice, 8. Auflage, Los Angeles: SAGE, 2019

Ramesh, Aditya, Pavlov, Mikhail, Goh, Gabriel, Gray, Scott, Voss, Chelsea, Radford, Alec, Chen, Mark, Sutskever, Ilya (2021): Zero-Shot Text-to-Image Generation, 2021

M. H. Dahm und V. Zehnder, *Moderne Personalführung mit Künstlicher Intelligenz,* essentials, https://doi.org/10.1007/978-3-658-43138-9

Rosenstiel, Lutz, Regnet, Erika, Domsch, Michel E. (2020): Führung von Mitarbeitern : Handbuch für erfolgreiches Personalmanagement, 8. Auflage Band, [S.l.]: Schäffer-Poeschel, 2020

Schmitt, Markus (o. J.): Was Ist Machine Learning? – Visuell Erklärt in 9 Grafiken | Data Revenue, Data Revenue (o. J.), <https://www.datarevenue.com/de-blog/was-ist-machine-learning> (keine Datumsangabe) [Zugriff am 2022–09–18]

Stoll, Kathrin (2019): Bunch.ai: Dieses Tool analysiert eure Slack-Konversationen, t3n Magazin, <https://t3n.de/news/bunchai-tool-analysiert-1205833/> (2019–10–19) [Zugriff am 2023–02–25]

TÜV-Verband (25. Oktober 2021): KI-Studie 2021: Sicherheit und Künstliche Intelligenz, o. O.: TÜV Verband e.V., 25. Oktober 2021

Voss, W. Gregory (2021): Ai Act: The European Union's Proposed Framework Regulation for Artificial Intelligence Governance, in: Journal of Internet Law, 25 (2021), Nr. 4, S. 1–17

Yukl, Gary (2013): Leadership in organizations., 8. ed., global ed, o. O.: Pearson, 2013

Printed in the United States
by Baker & Taylor Publisher Services